W0175850

RECLAM-BIBLIOTHEK

Pariser Friedhöfe sind eine Attraktion – für Touristen, die sich mit Moulin Rouge, Sacré Cœur und dem Louvre nicht zufriedengeben. Für Flaneure, die die Seitenpfade der Kultur bevorzugen, vorbei an den Gräbern von Marcel Proust, Charles Baudelaire, Edith Piaf, Dalida, Frédéric Chopin, Jim Morrison, Simone Signoret oder Jean-Paul Sartre.

Des Lebens Dernier Cri führt durch die legendären Friedhöfe wie Père-Lachaise, Montmartre und Montparnasse, ohne die kleinen, abseitigen Orte wie St. Ouen oder Thiais (wo Joseph Roth sein kaum auffindbares Grab hat) zu vergessen. Der letzte Gang gilt dem Hundefriedhof Asnières; dort, gleich am Eingangstor, steht die Büste für den Bernhardiner Barry: »Er rettete 40 Menschen das Leben und wurde vom einundvierzigsten getötet.«

Peter Stephan, geboren 1945 in Frankfurt am Main. Studium der Soziologie und Politik in Freiburg im Breisgau. 1976 bis 1981 ARD-Korrespondent für Nordafrika in Tunis. Danach für den Hörfunk in Frankreich. Seit 1993 Chefredakteur und Programmchef im Südwestfunk Baden-Baden. 1976 Kurt-Magnus-Preis. 1984 Deutsch-französischer Journalistenpreis.

Peter Stephan

Des Lebens Dernier Cri

Ein Lauf- und Lesebuch über
Pariser Friedhöfe

RECLAM VERLAG LEIPZIG

Mit 41 Photographien von Joachim Dörr und
Peter Stephan

Dieses Buch erschien zuerst 1985 im Elster Verlag, Baden-
Baden. Es wurde für die Neuausgabe völlig überarbeitet.

ISBN 3-379-01573-3

© Reclam Verlag Leipzig 1996

Reclam-Bibliothek Band 1573
1. Auflage, 1996
Reihengestaltung: Hans Peter Willberg
Umschlaggestaltung: Oberberg + Puder, Leipzig
Gesetzt aus Meridien
Satz: Peter Conrad, Leipzig
Druck und Bindung: Ebner Ulm
Printed in Germany

Inhaltsverzeichnis

Vorgang

Schreib doch mal ein Buch, haben sie gesagt. Ich spielte wieder mal den Stadtführer. Paris für Fortgeschrittene. Ein bißchen Tod am Nachmittag. Vom Montmartre abwärts zum Pigalle das Grab von Heinrich Heine. Promenadenpause an der Endstation.

Schreib doch mal ein Buch. Warum sollte ich, es gibt schon so viele Bücher, an der nächsten Ecke kann ich mir eins kaufen. Außerdem habe ich keine Zeit. Dann nimm sie dir, hat man mir entgegnet. Aber muß es denn gerade eins über Friedhöfe sein? Wer fährt schon nach St. Ouen zu Ödön von Horváth? Hätte Joseph Roth sich jemals träumen lassen, daß man ihn in Thiais verscharren würde, weit im Süden von Paris, ganz in der Nähe von Rungis, wohin man die Markthallen verbannt hat? Orly ist auch nicht weit, der Flughafen.

Muß man ausgerechnet in Paris über Friedhöfe schreiben? Zwar haben sich hier so viele zu Tode gelebt, haben die Stadt nicht mehr verlassen, um des Lebens willen, aber reicht es nicht, wenn man denn einmal in die Katakomben hinuntersteigt, wo rund sechs Millionen Skelette aufgereiht sind? Robespierre soll dabei sein und sein Freund und Widersacher Danton und angeblich Molière. Friedhöfe sind doch kein Thema. Sterben vielleicht, auch der Tod. Sterben ist begrenzt, löst Schmerz aus. Der Tod ist dauerhaft, aber zwangsweise so konträr zum Leben, daß er nicht greifbar wird. Friedhöfe sind greifbar. Sogar angreifbar. 200 Grabsteine seien mutwillig umgestürzt worden, hat uns der Wärter erzählt, es seien drei Jugendliche gewesen. Wer kann sich auch vorstellen, daß alte Menschen Grabsteine umstoßen? Sie seien abends über die Mauer gestiegen, drei Tage später habe man sie gefaßt. C'est tout – das ist alles. Wir können auch nichts dran ändern, meint der Wärter, und seine Stimme klingt gleichgültig, irgendwann ist Feierabend, und nachts gibt's keine Wärter mehr. Das Grab der Alphonsine Plessis haben sie nicht verwüstet. Aber die Kameliendame ist wohl nicht bewußt ausgelassen worden.

Schreib doch mal ein Buch, kam mir immer wieder in den Sinn. Nein, ein Buch wollte ich gar nicht schreiben, ein paar Geschichten erzählen, flüchtig verfaßte Notizen auswerten, erlaufene Erlebnisse wiedergeben, Pariser Jahre erinnern. Den Friedhöfen dort, die ich so oft besucht habe, ein wenig Leben einhauchen.

Montparnasse

Sie suchen sicher Baudelaire, sagte die Dame im grauen Mantel. Alle suchen Baudelaire. Dabei liegt er gar nicht da. Es ist nur ein Denkmal, das man ihm gesetzt hat. Sein Grab ist auf der anderen Seite. Neuerdings, sagte die Dame im grauen Mantel, ohne eine Pause zu machen, suchen sie auch Sartre. »Neuerdings« umfaßt immerhin die Zeitspanne von etlichen Jahren, aber für die Dame im grauen Mantel ist die Zeit schnell vergangen.

Sie hieß übrigens Hrdlička oder Pospichil. Oder auch Swoboda, so genau weiß ich das nicht mehr. Irgendein tschechischer Name war es. Ihr Mann war Chemiker oder Physiker und hatte Prag nach dem Einmarsch der sowjetischen Truppen verlassen. Nun leben wir halt in Paris, sagte sie und nannte auch die Straße. Es ist nicht weit, hierher zum Friedhof. Mein Mann geht nicht gern auf Friedhöfe, aber ich bin oft hier. Ich würde gern häufiger meine Freundin im 17. Arrondissement besuchen, aber im Bus finde ich meist keinen Platz, und es bietet einem heute ja keiner mehr einen Sitz an. Und in der Metro muß man zuviele Treppen steigen. Jetzt erst fiel mir auf, daß sie sich auf einen Stock stützte. Außerdem, sagte sie, habe ich in der Metro Angst. Obwohl ich sie nicht danach gefragt hatte, sagte sie, auf dem Friedhof habe sie keine Angst. Eigentlich, meinte sie, sei ich doch noch zu jung, um auf dem Friedhof spazierenzugehen, als ob es altersbedingt unschicklich wäre, aber natürlich: Sie suchen Baudelaire.

Ich suchte übrigens nicht Baudelaire, aber ich ließ mir von der Dame im grauen Mantel den Weg weisen und bedankte mich.

Schon Ernst Jünger hatte sich schwergetan, als er

während der deutschen Besatzungszeit auf dem Montparnasse-Friedhof war: »Nach langem Suchen fand ich das Grab von Baudelaire mit seiner hohen Stele, die eine Fledermaus mit nächtlichen Riesenschwingen schmückt.«

Eben nicht das Grab. Nur die Gedenkstätte. Ein Vierteljahrhundert nach Baudelaires Tod hatte sich ein Komitee gebildet, unter der Leitung von Leconte de Lisle und Anatole France, Verlaine und Zola hatten sich angeschlossen, um den längst nicht vergessenen Toten mit einem Kenotaph zu ehren. Gegen heftigen Widerstand übrigens damals einflußreicher Kulturkritiker, die dem Apologeten der ›Unmoral und der Ausschweifung‹ die »Blumen des Bösen« nicht verziehen hatten. Nicht Rodin, wie geplant, sondern José de Charmoy, der auch das Grabmal von Sainte-Beuve schuf, erhielt schließlich den Auftrag. Es wurde ein rätselhaftes und symbolüberfrachtetes Denkmal. Es ziert die Mauer an der Rue Emile Richard, die den großen vom kleinen Teil des Friedhofs abtrennt. Über einem skelettartigen Vampyr, dem Blutsauger, stützt ein muskulöser Mann, der einem Herkules weit eher gleicht als dem durch Krankheit und Drogen gezeichneten Abbild des verstorbenen Poeten, das trotzig vorgeschobene Kinn auf die energisch geballten Fäuste. So mag denn einer dreingeschaut haben, dem es letztlich gelungen war, den Augiasstall auszumisten – nicht ebendort allerlei Unrat aufzuhäufen. Oder sollte etwa der blindgewordene steinerne Blick dem darunter ruhenden Leichnam, fest in mumienhaftes Leichentuch gehüllt, die Blumen des Bösen vom Leibe halten?

Baudelaire selbst jedenfalls ruht in einem weitaus schlichteren Grab auf der anderen Seite des Friedhofs (6. Division).

Die Aufschrift gibt beredt Zeugnis, wem in seiner Familie das Sagen zukam und wer, auch nach dem Tode, die höhere Reputation genoß. Nicht der lange mißachtete Schriftsteller, der zweizeilig knapp als Stiefsohn erwähnt wird, sondern der verhaßte Stiefvater Jacques Aupick. Divisionsgeneral und Senator, ehemaliger Botschafter in Konstantinopel und Madrid, Mitglied des Generalrates

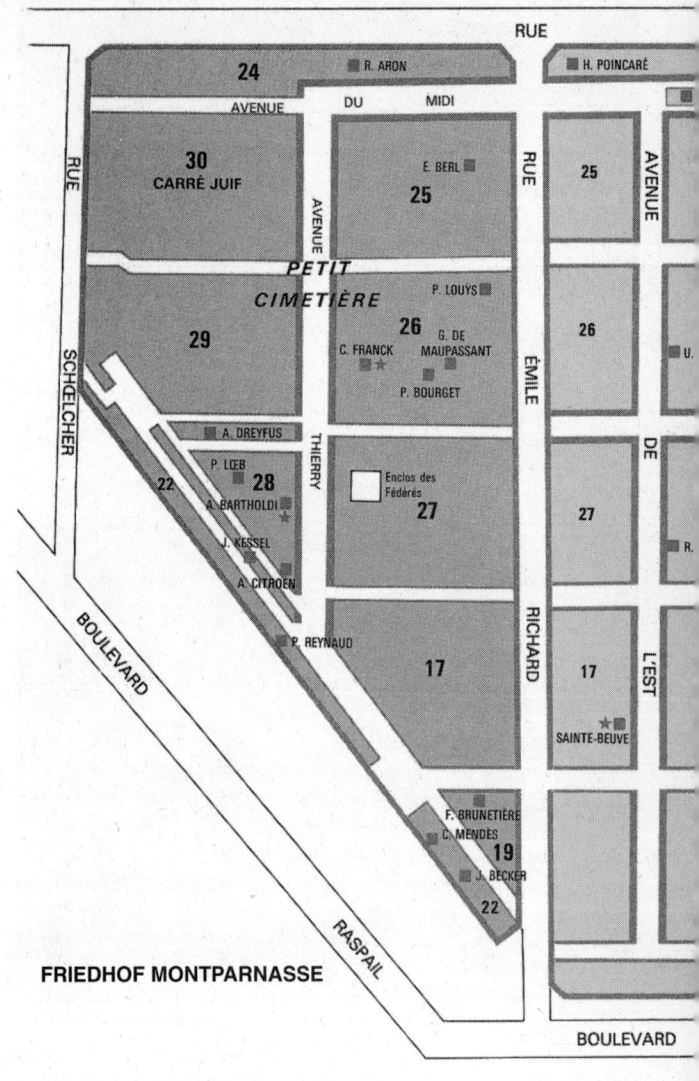

Nach: Jacques Barozzi:
Guide des cimetières parisiens. Paris: Hervas, 1990.

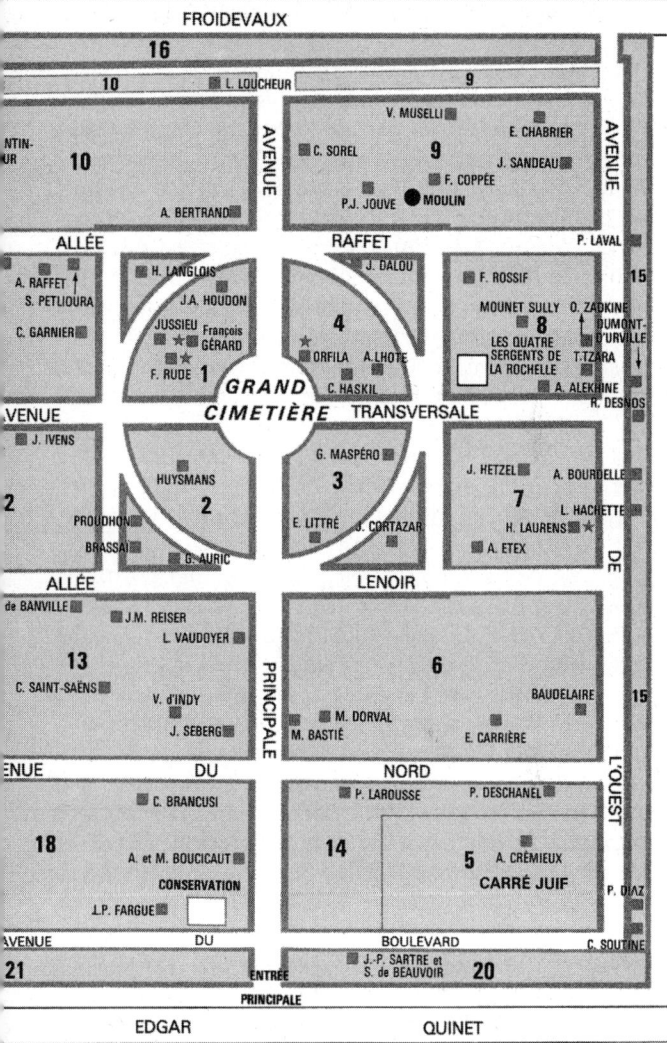

FROIDEVAUX

16

10   L. LOUCHEUR   9

AVENUE

V. MUSELLI
E. CHABRIER
C. SOREL   9   J. SANDEAU
F. COPPÉE
P.J. JOUVE   MOULIN

AVENUE

NTIN-
UR   10

A. BERTRAND

P. LAVAL

ALLÉE   RAFFET

A. RAFFET
S. PETLIOURA   H. LANGLOIS   J. DALOU   F. ROSSIF   15

C. GARNIER   J.A. HOUDON   MOUNET SULLY   O. ZADKINE   DUMONT-
JUSSIEU   François   8   D'URVILLE
GÉRARD   4   LES QUATRE   T. TZARA
F. RUDE   1   ORFILA   A. LHOTE   SERGENTS DE
LA ROCHELLE   A. ALEKHINE
C. HASKIL   R. DESNOS

GRAND
CIMETIÈRE   TRANSVERSALE

VENUE   J. IVENS

G. MASPÉRO   J. HETZEL   A. BOURDELLE
2   HUYSMANS   3   7   L. HACHETTE
2   PROUDHON   E. LITTRÉ   J. CORTAZAR   H. LAURENS
BRASSAÏ   A. ETEX   DE
G. AURIC

ALLÉE   LENOIR

de BANVILLE
J.M. REISER
L. VAUDOYER
13   6
C. SAINT-SAËNS   BAUDELAIRE   15
V. d'INDY
J. SEBERG   M. DORVAL
M. BASTIÉ   E. CARRIÈRE

PRINCIPALE

ENUE   DU   NORD   L'OUEST

P. LAROUSSE   P. DESCHANEL
18   C. BRANCUSI   14   A. CRÉMIEUX
A. et M. BOUCICAUT   5   CARRÉ JUIF
CONSERVATION   P. DIAZ
J.P. FARGUE

AVENUE   DU   BOULEVARD   C. SOUTINE

21   J.-P. SARTRE et   20
ENTRÉE   S. de BEAUVOIR

PRINCIPALE

EDGAR   QUINET

des Départements Nord und der Ehrenlegion sowie ausgezeichnet mit vielerlei Orden. Da kann ein zudem noch wüster Schreiberling natürlich nicht mithalten.

Wie es der Ordnung in einer gutbürgerlichen Familie des 19. Jahrhunderts zukommt, findet die Mutter ihren bescheidenen Platz ganz unten auf der Grabsäule.

Baudelaire starb elend am letzten Augusttag 1867 in der Heilanstalt des Doktor Dumas in der Rue du Dôme. Die Folgen einer Syphilis und der langjährige Opiumgenuß hatten den erst 46jährigen in ein Siechtum hinübergeführt, in dessen Endphase er sich schließlich selbst nicht mehr erkannte. Es war ein brütendheißer Tag, an dem er beerdigt wurde. Kaum hundert Menschen fanden sich in der Kirche zum Gedenkgottesdienst ein, weit weniger noch bildeten einen kümmerlichen Leichenzug zum Friedhof. Das offizielle Paris nahm gar keine Notiz. Geboren wurde Charles-Pierre Baudelaire 1821 in der Rue Hautefeuille in einem heute abgerissenen Haus (Gedenktafel). An einem Dutzend Stellen in Paris läßt sich der rastlose Weg des Schriftstellers nachwandern. Auf der Flucht vor seinen Gläubigern zog er von Hotel zu Hotel. Das Bemühen der Eltern – seine Mutter hatte in zweiter Ehe den General Aupick geheiratet –, ihn von seinen zunehmend exzessiven Lebensgewohnheiten abzuhalten, in denen er sich als Bürgerschreck gefiel, schlug fehl.

Der Stiefvater lag gerade sechs Wochen unter der Erde, da beschlagnahmte der Staatsanwalt »Die Blumen des Bösen« und verurteilte den ohnehin unter chronischer Finanznot leidenden Autor zu einer Geldstrafe von 300 Franken. Immerhin hatte er sich einen wenn auch skandalumwitterten Namen in der Pariser Szene gemacht. Die Brüder Goncourt (siehe Montmartre) luden ihn wenig später zu einem der damals berühmten literarischen Abendessen und notierten dann in ihrem Journal: »Heute speist Baudelaire neben uns. Er trägt keine Krawatte, hat den Hemdkragen offen, das Haar kurz geschoren. Er sieht aus, als sei er auf dem Weg zur Guillotine … hartnäckig, mit abstoßendem Zorn, verteidigt er sich gegen den Vorwurf, in seinen Gedichten die guten Sitten gefährdet zu haben.«

Längst war er damals schon aufgrund der mit Leidenschaft betriebenen Zügellosigkeit und seiner Verschwendungssucht entmündigt worden. Jahre zurück auch lag die Zeit des wilden Zusammenlebens mit dem Freund Théophile Gautier (siehe Montmartre), dem er die »Blumen des Bösen« gewidmet und der ihn in den berüchtigten ›Klub der Haschischraucher‹ eingeführt hatte. Eine Geheimtreppe soll die beiden getrennten Wohnungen der verderbten Kumpane miteinander verbunden haben. Halt gesucht, aber nicht gefunden hatte er bei einer drittklassigen Schauspielerin am Pantheon-Theater, der Mulattin Jeanne Duval. Die teilte wechselweise Bett und Opiumpfeife mit ihm, ließ sich gerne ins damals schon längst renommierte Restaurant der »Tour d'Argent« am Seineufer zu exquisiten Speisefolgen einladen, wobei wiederholt von beider Vorliebe für Reiherpasteten berichtet wird. Schließlich verfiel die nicht einmal sonderlich attraktive Lust- und Lastergespielin einem anderen Liebhaber und letztlich der Trunksucht. Ihr Grab habe ich nicht ausfindig machen können.

Sie suchen sicher Baudelaire, hatte die Dame im grauen Mantel gesagt. Nein, korrigierte ich, eigentlich suche ich Soutine. Soutine kannte sie nicht. Soutine kennen viele nicht. Chaim Soutine. Ein Maler. Chaim ist ein hebräischer Name und bedeutet, habe ich gelesen, soviel wie Leben. Ich fand durch Zufall zu Soutine. In meinem Wohnviertel, das im weitesten Sinne ein Ausläufer des Montparnasse ist, jedenfalls im gleichen Stadtbezirk liegt, versteckt sich, selbst bei Taxifahrern meist unbekannt, die Villa Seurat. Villa bezeichnet in Paris oft kein mondänes Wohnhaus, sondern eine etwas abgelegene Seitenstraße, eine Sackgasse. Ganz unpariserisch heimelig. Ländlich fast und still. Die Villa Seurat ist so eine Straße. Sie ist den gnadenlosen Sanierungsplänen des Baron Haussmann (siehe Père Lachaise) entgangen, dem, so Georg Stefan Troller einmal treffend und dem Sinne nach, die Autofahrer von Herzen dankbar sein müssen, die Paris-Lieb-haber jedoch alles Böse an den Hals wünschen. Sie ist nicht einmal den fast noch gnadenloseren Reißbrett-Strategen des nachgaullistischen Präsidenten Pompidou zum Opfer gefallen, der das benachbarte 13. Arrondissement zu Beginn der 70er Jahre zu Tode saniert hat.

Es ist eine Straße, in der man eine Atelier-Wohnung besitzen möchte. Aber die Nummer 18, in der Soutine schließlich Mitte der 30er Jahre ein Unterkommen fand, wirkt eher bedeutungslos. Soutine stammte aus dem kleinen Dorf Smilovitchi bei Minsk und war 1912 nach einer Lehrzeit in der Kunstakademie von Wilna ziemlich abgerissen in Paris angekommen.

Seine erste Zeit verlebte er in der legendären Ruche, dem Bienenkorb. Die Ruche, ein Musterbeispiel architektonischer Launenhaftigkeit, existiert heute noch. Und noch immer leben dort Maler. Soutine ist wie so viele seiner Kollegen aus dieser Generation ein Außenseiter. Er sitzt mit ihnen zusammen in der Rotonde, einem der in Mode gekommenen Cafés am Montparnasse, aber er braucht lange, bis das von Kindheit gewohnte Jiddisch und Russisch ins Französische hinübergleitet. Frankreich ist seine neue Heimat und sie wird es bleiben. Er wird nie mehr ins ärmliche elfkinderreiche Elternhaus nach Smilovitchi zurückkehren. Ein Gönner verschafft ihm eine Reise in den Süden, ans Meer. Und es finden sich die ersten Sammler. Soutine malt viel und ekstatisch. Tote Tiere vor allem, die er sich aus dem nahegelegenen Schlachthof holt. Abstoßende Viehkadaver, verendetes Geflügel, auch Fische mit düster glotzendem Blick. Ein Stoff, aus dem die Alpträume sind. Grelle Farben verdecken (oder verdeutlichen?) die Angst und das Mißtrauen. Soutine hat Erfolg, mit 34 hat er seine erste Ausstellung, aber er besucht sie nicht einmal, er haßt es auch, vor Publikum zu arbeiten. Er wechselt immer wieder die Wohnung, bis er sich in der Villa Seurat niederläßt. Dasselbe Haus, in dem dann auch Henry Miller wohnt. Dorthin zieht dann zu ihm eine junge Emigrantin aus Deutschland, Gerda Michaelis. Er nennt sie fortan Garde, was im französischen Wortsinn die behütende Funktion ausdrückt, die diese stille Frau für Soutine dann verkörpert.

Als der Krieg ausbricht, wird sie als Deutsche in ein Internierungslager gebracht. Es ist ein Abschied für immer. Gerda/Garde überlebt. Sie folgt Soutines Sarg an einem Augusttag 1943. Soutine war der Gestapo wiederholt entkommen. Die Französin Marie-Berthe Aurechne, die geschiedene Frau von Max Ernst, hatte ihn bei sich aufgenommen und dann bei Freunden auf dem Land untergebracht. Aber der ewig kränkelnde Soutine war bereits sterbenskrank. Ein durchgebrochenes Magengeschwür wurde zu spät erkannt. Heimlich brachte man ihn noch ins besetzte Paris, die Operation rettete ihn nicht mehr. Soutine war gerade 50 Jahre alt. Die mit gefälschten Papieren nach Paris gereiste Gerda/Garde reihte sich in den Trauerzug ein, neben Cocteau und Picasso. Soutines Grab liegt in der 15. Division, so versteckt und unbeachtet wie manche seiner Bilder in den Museen.

Neuerdings, hatte die Dame im grauen Mantel gesagt, neuerdings fragen sie auch nach Sartre. Dabei ist sein Grab ganz leicht zu finden. Haupteingang, gleich rechts abbiegen und dann nur ein paar Schritte. Der Friedhofswärter sagt, es seien inzwischen weit mehr Besucher, die sich nach Sartre erkundigten als nach Baudelaire. Der Schriftzug seines Namens, das Geburts- und das Todesjahr, das ist alles. Als ich das Grab erstmals aufsuchte, hatte jemand auf der ganz und gar schmucklosen hellen Platte eine Zigarette ausgedrückt. Kein sehr geschmackvoller Hinweis darauf, daß Sartre Kettenraucher war. Später standen dort Blumen. Unter dem ›Jean‹ im Topf, unter dem ›Sartre‹ in der Vase. Und am Fuße des Sockels ein kleines Gebinde roter Rosen. Die Kippe war weggeräumt.

Es war in den ersten Januartagen 1974. Wir hatten mit Freunden aus Wien eine Reise in die Bretagne hinter uns. Strahlend blauer Himmel, mitten im Winter. Über Paris lag eine graue Wolkenglocke. Wir hatten uns tagelang der

Völlerei hingegeben und in bretonischen Fischerkneipen bergeweise Austern geschlürft und Krevetten gepult. Jetzt hatte sich gastronomische Lustlosigkeit ausgebreitet. Paris ist unter diesen Umständen eine denkbar ungünstige Zwischenstation auf der Heimreise. Es ergab sich wirklich mehr aus Zufall, daß unser Nachtquartier schräg gegenüber dem Friedhof lag. Wie gewöhnlich schlug ich vor, das Frühstück, wenigstens zu dieser kulinarischen Pflichtübung konnte ich die magenverstimmten Freunde noch überreden, nicht in dem kleinen dunklen Hotel an der Rue d'Odessa einzunehmen, sondern auf der anderen Seite des Boulevard Edgar Quinet. Es war eines dieser typischen Pariser Straßencafés mit einer großflächigen Vitrine am Eingang. So einer Art Wintergarten ohne Grün. Wir setzten uns an einen der ewig wackelnden, viel zu kleinen runden Tische und bestellten Tee und Kaffee und Croissants und mit Schinken belegte Baguette-Schnitten. Die in den 30er Jahren in stattlicher Anzahl angereisten Kaffeehaus-Emigranten aus Wien mögen oft genug über die fehlenden Morgenzeitungen gegrantelt haben und über das fehlende Glas Wasser, das in Paris üblicherweise nicht mitgereicht wird. Stellt euch vor, sagte ich, jetzt geht die Tür auf und Sartre kommt rein, denn der wohnt ja um die Ecke, und setzt sich neben uns.

Da irrte ich. Denn Sartre dachte gar nicht daran, sich neben uns zu setzen. Immerhin ging die Tür auf, und er kam herein. Wahrscheinlich mied er den Morgenplausch mit uns, weil er in Begleitung war. Er trug einen aufgeknöpften schäbigen Wintermantel, die Frau an seiner Rechten war im Pelz. Ich hatte als einziger direkten Blick zur Tür und damit die Gäste zuerst bemerkt. Mit mühsam gespielter Beiläufigkeit unterbrach ich das Gespräch an unserem randvoll beladenen Tisch: Sartre ist da. Es sollte wenigstens glaubhafter klingen als die Mitteilung, die Jungfrau von Orléans habe soeben den Raum betreten. Der richtige, fragte Lissy nach, ohne zu erklären, wer mit dem falschen gemeint sein könnte. Das sei aber wohl doch nicht Simone de Beauvoir an seiner Seite, schränkte

Pierrette in zischendem Flüsterton ein. Und Dieter rückte den optischen Eindruck zurecht: die Beauvoir sei älter.

Sehr diskret waren wir wohl nicht. Eher wie eine Jung-mädchenklasse, die in der Eisdiele Michael Jackson am Flipper entdeckt hat. Aber Sartre und die unbekannte Schöne bekamen von dem aufgeregten Getuschel nichts mit. Jedenfalls nahmen sie geräuschvoll zwei Tische wei-ter Platz, der durch steten Umgang mit den Stammgästen abgeklärte Kellner brachte unaufgefordert Kaffee und Hörnchen, Sartre fingerte nervös in seinen Mantel-taschen nach den unvermeidlichen Zigaretten und tunkte nach altfranzösischer und unausrottbarer Sitte das Hörn-chen in den Kaffee, der stets aufs neue überschwappte, denn Sartres Tisch, immerhin, wackelte auch. Die Pelz-frau zu seiner Rechten sprach unablässig auf ihn ein, Sar-tre nickte manchmal, tunkte wieder, und dabei plumpste das vollgesogene Teigstück träge in die Tasse. Belanglos natürlich, weil fettäugige Kaffeetassen zum Frühstücks-alltag von Millionen Franzosen zählen, aber was merkt man sich nicht alles, wenn solches Mißgeschick einem Dichter widerfährt, einem Philosophen. Am Nebentisch. Die Frau im Pelz nestelte ein paar Francs aus ihrer Tasche und sprach noch immer ohne Pause auf Sartre ein, der er-hob sich wiederum geräuschvoll von seinem Platz, wobei der inzwischen randvolle Aschenbecher zu Bruch ging, und damit verlor ich Sartre für immer aus den Augen.

Er hatte um diese Zeit die Wohngemeinschaft mit Si-mone de Beauvoir längst aufgegeben und zusammen mit seiner verwitweten Mutter ein Domizil im zehnten Stock eines Hauses am nahegelegenen Boulevard Raspail bezo-gen. Seine Lebensgefährtin ohne Trauschein besaß ein Studio in der Rue Schölcher. Beide Straßen grenzen an den Friedhof. Sartre starb 1980 an einer Lungenembolie.

Keine zwei Jahre später schockte Simone de Beauvoir die Öffentlichkeit mit ihrer »Zeremonie des Abschieds«. Nüchtern und schonungslos schilderte sie darin das erbar-mungswürdige Siechtum des Gefährten. Den langsamen Verfall eines alternden Mannes, der sich die Suppe über die Füße gießt und dem die Zigarette aus dem Mund fällt. Peinliche Geschwätzigkeit, so urteilen die Kritiker. So genau hatte man es nun auch wieder nicht wissen wollen.

Die »Einmalige« und »vollkommene Gesprächspartnerin« (Sartre über de Beauvoir) war sich treu geblieben. Kein Tabu war ihr heilig. 1908 wurde sie als Tochter eines Anwalts und einer Bibliothekarin geboren. In jungen Jahren bereits lernte sie Sartre kennen. »Das andere Geschlecht« wurde zu ihrem berühmtesten Werk, zur häufig so zitierten »Bibel des Feminismus« mit dem ebenso oft angeführten Merksatz: »Man kommt nicht als Frau zur Welt, man wird es«. 1954 wird sie für ihren Roman »Die Mandarine von Paris« mit dem Prix Goncourt ausgezeichnet, dem bedeutendsten französischen Literaturpreis.

Sartres Trauerzug folgten rund fünfzigtausend Menschen. »Die letzte Kundgebung von ›68‹«, wie der langjährige Beauvoir-Vertraute Claude Lanzman anmerkte. Der damals amtierende Staatspräsident Giscard d'Estaing war der Zeremonie ferngeblieben. »Sartre wies alle Ehrungen von sich«, so begründete er seine Abwesenheit, »es gehört sich also nicht, daß die Präsenz des Präsidenten dieser intimen Entscheidung widerspricht.« Der Gaullismus und seine Erben hatten Sartres Opposition gegen das herrschende System nie verwunden. Auch wenn de Gaulle selbst Sartres drohende Verhaftung wegen angeblicher Komplizenschaft mit der algerischen Befreiungsfront zwei Jahrzehnte zuvor mit dem berühmt gewordenen Satz verhindert haben soll: »Einen Voltaire sperrt man nicht ein.«

Sechs Jahre nach Sartres Tod war alles anders. Die Beauvoir war gestorben, Mitterrand an der Macht. Nur etwa fünftausend Menschen folgten dem Sarg über den Montparnasse. Vor der Closerie des Lilas und der Coupole, zwei legendären Cafés am Boulevard der Dichter und Maler, standen Kellner stumm Spalier, die Regierung hatte sich fast vollzählig am Grab versammelt. Es war wie der Abschied vom letzten Symbol einer zu Grabe getragenen Epoche.

Simone de Beauvoir wurde an der Seite von Jean-Paul Sartre beigesetzt. In einem fiktiven Brief an ihn hatte sie nach seinem Tod in der ihr eigenen Bestimmtheit geschrieben: »Selbst wenn man mich neben Ihnen beerdigt, wird kein Weg von Ihrer Asche zu meinen sterblichen Überresten führen.«

Nach Sartre fragen viele, nach Laval fragt keiner. Pierre Laval gilt mehr noch als der Marschall Pétain als Symbolfigur der Kollaboration mit der deutschen Besatzungsmacht während des Vichy-Regimes. Laval war Präsident des Rates und in den Augen der Résistance der schlimmste Bösewicht, der gemeinsame Sache mit den Deutschen machte. Gleich nach dem Kriege wurde er zum Tode verurteilt. Aber kurz vor der Hinrichtung schluckte er Gift. Die Ärzte pumpten dem besinnungslosen Todeskandidaten den Magen aus, und wenig später schleppte man ihn zur Exekution. Immerhin soll er noch die Kraft gefunden haben, ein »Vive la France!« auszurufen. Der Romancier Henry de Montherlant ließ in seinen Tagebüchern wissen, für einen Franzosen, der etwas auf sich halte, sei diese Bemerkung, wenn er erschossen werde, eigentlich eine Pflichtübung. Ob der standesbewußte Montherlant diesen Merksatz auch auf sich selbst bezog, bleibt ungewiß. Am 21. September 1972 richtete er sich mit einem Kopfschuß im Salon seines Appartements am Quai Voltaire. Von Montherlants Grab wird in diesem Buch nicht mehr die Rede sein, denn seine Urne fand nur vorübergehend einen Platz in der Krypta des Krematoriums auf dem Père Lachaise. Später verstreuten Freunde seine Asche auf dem Forum Romanum in Rom, ganz nach dem Willen des Verstorbenen, und warfen die leere Urne in den Tiber.

Weit auffallender als das buchsbaumumsäumte Grab Lavals, ungewöhnlicher als alle Totenstätten auf Montparnasse ist ein Bauwerk, das man gemeinhin nicht auf einem Friedhof erwartet: eine Mühle. Freilich eine Mühle, die ihre Flügel längst eingebüßt hat. Die Mühle wurde zum schlichten Turm, und der Turm ist heute ein efeuumranktes Wärterhäuschen, Fluchtburg auch ganzer

Vogelfamilien, die dort Schutz suchen vor den zahllosen Katzen, von denen noch zu sprechen sein wird.

So wie es auf dem Nordhügel von Paris, dem Montmartre, viele Mühlen gab, von denen der Moulin Rouge weltweiten Ruf erlangte, so fanden sich diese Mühlen auch am Südrand der Stadt. Eine dieser Mühlen zählte zu einem umfriedeten Gelände, das den Brüdern der Barmherzigkeit gehörte. Im 18. Jahrhundert war es der bevorzugte Tummelplatz von Jesuitenschülern, weshalb man in Anlehnung an den spanischen Jesuiten Molina von der Molinisten-Mühle sprach. Studentische Jugend war es auch, die zur besten Kundschaft der Mühle zählte, die im Zeitalter der Restauration von einem Pächter in einen öffentlichen Ausschank verwandelt wurde. Es war die Zeit, in der die berühmten ›Guinguettes‹ in Blüte standen, jene Vorstadtkneipen und Ausflugslokale, in denen sich am Wochenende das Pariser Volk zum ausgelassenen Schwof traf. Renoir zum Beispiel hat die beschwingte Stimmung dieser Landpartien vortrefflich nachgezeichnet. Leider tut man sich heute zunehmend schwer, solche ›Guinguettes‹ zu finden. Am ehesten noch im Marne-Tal. Als die Stadtväter freilich, denen bereits zu Zeiten der Revolution der Beschluß vorgegeben war, die Toten nicht mehr im Kirchenfried in der Innenstadt zu begraben, nach geeigneten Totenstädten am Rand der Stadt Ausschau hielten, da verfiel man auch auf das Gelände südlich des Montparnasse. Am 25. Juli 1824 öffnete er seine Pforten, und mit dem Studentenschwof in der Mühle war es natürlich vorbei. Seit 1874 übrigens werden Grabkonzessionen nur noch ohne zeitliche Begrenzung ausgestellt. Theoretisch jedenfalls. Wenn nach einem Ablauf von 30 Jahren sich nämlich herausstellt, daß pietätlose Nachfahren das Grab verlottern lassen, dann behält sich die Stadt das Recht vor, nachdem weitere drei Jahre verstrichen sind, die Überreste zu exhumieren und sie dem Beinhaus auf dem Père-Lachaise zu überantworten. Das betrifft pro Jahr etwa 300 bis 400 Fälle, kommt also, statistisch gesehen, täglich einmal vor. So ist es im Artikel 24 der Friedhofsordnung festgehalten. Wie der Name verspricht: Ordnung muß sein.

Auch der Preis für eine Konzession ist natürlich streng geregelt. Zwei Quadratmeter sind das Minimum. In bevorzugter Lage haben die Hinterbliebenen dafür derzeit umgerechnet etwa siebeneinhalbtausend Mark anzulegen. Darf's etwas mehr sein, wird's pro Meter jeweils etwas teurer. Dazu summieren sich natürlich etliche Taxen, je nach Ausstattung.

Wer dem knapp 19 Hektar großen Gelände nur vorübergehend einen Besuch abstatten will, hat sich, aber das versteht sich von selbst, an feste Zeiten zu halten. Von Mitte März bis Anfang November öffnen sich die Pforten um halb acht am Morgen und schließen um 18 Uhr, in den Wintermonaten macht man eine halbe Stunde später auf und schließt ebenfalls eine halbe Stunde früher. An Samstagen findet man Einlaß ab 8 Uhr 30, an Sonn- und Feiertagen um 9 Uhr. Damit wäre in aller Kürze administrativen Hinweisen Genüge getan. Ein für den Montparnasse-Friedhof ganz eigenes Kuriosum sei aber noch erwähnt. Nur dort haben sich die Städteplaner entschlossen, quer durch den Friedhof hindurch eine Autostraße zu führen. Zu ebener Erde, wohlgemerkt, und nicht etwa, wie am Montmartre, darüber hinweg. Es ist die Rue Émile Richard, die meines Wissens einzige Straße in Paris, die unter ihren Anwohnern weit mehr Tote als Lebende zählt. Ein einziges Wohnhaus steht an der Ecke zum Boulevard Edgar Quinet, und das birgt im Erdgeschoß auch noch ein Geschäft für Grabausstattung. Visitenkarten, die als Adresse die Rue Émile Richard vermerken, sind also als Raritäten zu behandeln.

Eine Rarität der Kriminalgeschichte ist dagegen der Fall François Bertrand. Monatelang, ja mehr als ein Jahr, hatte ein anonymer Grabschänder in den 40er Jahren des vergangenen Jahrhunderts für schauerliche Schlagzeilen in der Boulevardpresse gesorgt. Er hatte bereits etliche Friedhöfe in Paris unsicher gemacht, bevor er sich auf den Montparnasse konzentrierte und zu Spitzenzeiten seines schändlichen Tuns bis zu 15 frische Gräber pro Nacht öffnete, um sich an den Leichen zu vergehen. Daß es sich bei den Opfern vorzugsweise um junge Frauen handelte, engte den Täterkreis nicht ein.

Wie sich später herausstellte, hatten Nachtwächter einen jungen Mann laufen lassen, der in einem gerade ausgehobenen Grab zu nächtlicher Stunde bemerkt worden war und der als Begründung angegeben hatte, er habe sich dort zu einem von der offenbar ungetreuen Geliebten nicht eingehaltenen Schäferstündchen verabredet. Nämlicher Liebhaber – aber das wurde erst im Zuge der späteren Ermittlungen ruchbar – war der berüchtigte Vampyr vom Montparnasse, eben jener Unteroffizier François Bertrand, der meist in voller Uniform seinen perversen Neigungen nachging. Ein zur Dienstzeit stets pflichtbewußter und allseits angesehener Mann, der sich ohne Fehl und Tadel um die Regimentskasse kümmerte und zu keinerlei Beanstandungen Anlaß gab. Ein Zufall nur hatte ihn überführt.

Am 10. Juli 1849 hatte er sich vor dem Militärgericht zu verantworten. Detailgetreu listete er seine Taten auf. Nach Artikel 360 des geltenden Strafrechts kam er mit der Höchststrafe davon. Denn Schändlichkeiten der nicht wiederzugebenden Tat hatte der Gesetzgeber wohl gar nicht vorgesehen. Danach hieß es: »Bestraft wird mit Gefängnis von drei Monaten bis zu einem Jahr sowie einer Geldstrafe von mindestens 500 und höchstens 1800 Francs, wer der Grabschändung für schuldig befunden wird.«

Bertrand verbüßte die Haftstrafe von einem Jahr und erwies sich in seinem Betragen als mustergültiger Gefängnisinsasse. Kaum war er wieder auf freiem Fuß, brachte er sich um. Seine Grabstätte ist unbekannt.

Nun aber wieder zu menschlicheren Toten.

Da ist zunächst – noch immer befinden wir uns im westlichen Teil des großen Friedhofs – Maryse Bastié zu nennen, unter allen und nicht nur wenigen weiblichen Flugpionieren des Landes eine der namhaftesten. Nicht weniger als zehn Weltrekorde stellte die wagemutige

›Dauerläuferin der Luft‹ auf, wie man sie zuweilen nannte. Die Rekordliste läßt sich detailliert an der eindrucksvollen weißen Steinplatte auf ihrem Grab ablesen (6. Division). Im September 1930 riß sie den internationalen Rekord für Einsitzer an sich, in der Flugzeit von 37 Stunden und 55 Minuten. Ein Jahr darauf stellte sie einen Weitstreckenrekord für Pilotinnen auf, über eine Distanz von 2976 Kilometer. 1936 überquerte sie – abermals im Alleinflug – den Südatlantik von Dakar im Senegal nach Brasilien in genau 12 Stunden und 5 Minuten.

Auch im Berufsleben überaus erfolgreich – natürlich im Verkehrsflugwesen – und nach etlichen tausend Flugstunden als Capitaine der Luftwaffe schließlich als Kommandeur der Ehrenlegion ausgezeichnet, nahm sie am 6. Juli 1952 ihre letzte Flugstunde. Der Versuchsflug eines neuen Prototyps endete in der Nähe von Lyon für die mehrköpfige Besatzung tödlich.

Weit weniger Ehre im Amt heimste Paul Deschanel (1855–1922) ein, der es immerhin 1920 zum Präsidenten der Französischen Republik gebracht hatte. Aber der zum Zeitpunkt seiner Wahl bereits im Pensionsalter stehende Politiker schien alsbald in den Turbulenzen der bewegten Nachkriegszeit überfordert. Nach nur sieben Monaten nötigte man ihn zur Demission. Deschanel trat aus Gesundheitsgründen zurück – wie es hieß. Tatsächlich hatte ein überschnell in Gang geratener Verschleiß der geistigen Kräfte den Präsidenten zu launenhaften Schnurren und Possen getrieben, die mit der Würde des Amtes auch nach Ansicht toleranter Zeitgenossen nicht mehr in Einklang zu bringen waren. Ein tragischer und gewiß ohne geschichtliche Parallelen zu notierender Sonderfall in diesem Berufsstand. Die Grabinschrift (»Man trägt nur mit sich hinweg, was man gegeben hat«) ist nicht als Vermächtnis zu werten – sie stammt von Deschanels Vater, einem hochangesehenen Professor am Collège de France, der an gleicher Stätte liegt. Just in dem Jahr, in dem der beklagenswerte Deschanel sein Amt antrat, drohte im Norden der Hauptstadt eine Revolte auszubrechen. Am

Das kurze Leben des J. Ottavi wird gewiß weniger bewegt verlaufen sein als die Vita seines weit berühmteren Onkels Napoleon. Die Umstände seines Todes – die Grabinschrift läßt keinen Zweifel – waren um so kurioser. Der Redner (sic) Ottavi stürzte beim Abgang vom Lehrpult zu Tode. Wobei ausdrücklich vermerkt wird, daß es sich um einen öffentlichen und kostenlosen Unterricht handelte. Offen bleiben muß mangels näherer Erläuterungen, ob sich der erst 32jährige Ottavi zu sehr in Rage geredet hatte oder aber als ein allzu zerstreuter Professor ins Straucheln geriet. Immerhin scheint dieses tragische Schicksal zu beweisen, daß auch der Lehrberuf ein gefahrvolles Unternehmen ist und zuweilen noch schneller zum Tode führen kann als die engagierte Kriegskunst des renommierten Anverwandten (12. Div.).

11. April 1920 wurde im noch heute existierenden Kabarett »Lapin agile« die ›Freie Gemeinde Montmartre‹ aus-
gerufen. Den meist alteingesessenen Einwohnern des
Montmartre und den später zugezogenen Künstlern aller
Schattierungen war die enge Anbindung an die als fremd-
artig angesehene Stadt zu Füßen des Hügels stets ein Dorn
im Auge. Also rief man die Unabhängigkeit des 18. Ar-
rondissements aus. Mehr als ein halbes Dutzend Grup-
pierungen hatten Wahlplattformen ausgearbeitet, in denen beispielsweise vordringlich die Umwandlung der
Sacré-Cœur-Kirche in ein riesiges Aquarium gefordert
wurde. Den vergleichsweise besonneneren Parteien der
Kubisten um Picasso oder den Dadaisten um den Exil-
Rumänen und Anarchisten Tristan Tzara ist es vielleicht
zu danken, daß der überschäumende Reformeifer nicht
gleich in die Tat umgesetzt wurde.

Dieser Tristan Tzara, der einmal den Merksatz prägte,
er sei schlichtweg gegen alle Systeme, das einzig an-
nehmbare sei noch, aus Prinzip keines zu haben, dieser
Tristan Tzara also, neben Hugo Ball, Hans Arp, Richard
Huelsenbeck und anderen einer der Urväter des Dadais-
mus, hat ebenso auf dem Montparnasse sein Grab gefunden (8. Division) wie der nur fünf Gräber weiter lie-
gende exilrussische Bildhauer Ossip Zadkine (nicht zu
verwechseln mit dem russischen Revolutionär Ossip Zetkin, dem früh verstorbenen Ehemann der kommunistischen Alterspräsidentin im Deutschen Reichstag, Clara
Zetkin).

Ganz besonders gern, sagte die Dame im grauen Mantel übrigens, deren Namen ich nun wirklich nicht mehr
zusammenbekomme und die ich auch nie mehr wieder-
gesehen habe, sitze sie auf einer der Holzbänke am Carrefour du Rond Point. Das ist so etwas wie der zentral ge-
legene Meeting-Point des Friedhofs, den zu passieren
unumgänglich ist, wenn man denn, wie viele Passanten,
den Friedhof vom Boulevard Edgar Quinet zur Rue Froidevaux hin durchquert. Dort gruppieren sich im Kreis
die ersten vier der insgesamt 30 Divisionen. Man findet

sich da nicht so leicht zurecht zwischen den Grabreihen, macht aber immer wieder interessante Entdeckungen.

Auf der Suche nach Joris-Karl Huysmans etwa stieß ich auf die Grabstätte des Bildhauers Paul Belmondo. Sein Sohn ist bei den Franzosen ungleich bekannter. Es ist der Filmschauspieler Jean-Paul Belmondo, dessen Sohn wiederum eine Karriere als Autorennfahrer startete. Auch die im gleichen Jahr wie Belmondo (1982) verstorbene kubanische Pianistin Maria-Teresa Armenteros hat dort ihre letzte Ruhestätte gefunden sowie der Maler Lucien Beyer (1981) und der Gartenarchitekt Dominique Jolly.

Dann aber Joris-Karl Huysmans, der vortreffliche Chronist der dekadenten Endzeit des vergangenen Jahrhunderts in Paris. Sein Roman »À Rebours« (»Gegen den Strich«), in dem er unter dem Namen ›Des Esseintes‹ einen seiner Freunde, den Grafen de Montesquiou-Fezensac, überaus pointiert und bildhaft porträtierte, zählt alle paar Jahre mal wieder zu meinem Reisegepäck. Bei Proust wird Montesquiou zur Figur des Charlus. Huysmans entstammte einer alten, aus den Niederlanden eingewanderten Familie eben dieses Namens, trug bei seiner Geburt aber bereits den französischen Namen Charles Marie Georges.

Huysmans' überaus einfache Grabstätte ist – wie auch in vielen anderen Fällen – ein Beleg dafür, daß die Ausstattung des Totenmals keinerlei verläßlichen Hinweis auf die Bedeutung des Grabinsassen für die Nachwelt gibt. Wie oft ließ ich mich zu Beginn meiner Grabgänge verleiten, geradewegs auf monumentale Totenkapellen und markante Büsten zuzusteuern, hinter denen sich dann die Familie eines längst vergessenen Kommerzialrates verbarg, der seine Spuren bestenfalls in ebenfalls längst vergessenen Akten hinterlassen hat. Wie eindrucksvoll dagegen – und dies nur als Beispiel unter vielen – dieser Sommerabend im südfranzösischen Ort Lourmarin, in dessen stillem Friedhof auf einem Naturstein der Name Camus' vermerkt ist sowie Geburts- und Todesdatum. Nichts weiter. Albert Camus war immerhin Nobelpreis-

Eine Bronze-Büste von Rodin: César Franck (1822–1890), einer der bedeutendsten französischen Komponisten im 19. Jahrhundert (26. Div.).

träger (1957). Er kam zum Schreiben immer wieder nach Lourmarin. Dort arbeitete er auch an seinem letzten Roman »Le premier homme«, bevor er mit dem Pariser Verlegersohn Michel Gallimard nach Paris zurückfuhr.

Das Ende dieser Dienstfahrt brachte beiden den Tod.

Albert Camus 1913–1960 ›C'est tout‹ – wie der Franzose gerne sagt – das ist alles. Ein schönes Grab.

Ebenfalls in der 2. Division findet sich Pierre Joseph Proudhon, der wie Victor Hugo in Besançon geboren ist. »Eigentum ist Diebstahl!« hatte Proudhon gewettert. Eine Erkenntnis, die ihm viel Feind' und zunächst auch

31

nicht viel Ehr' einbrachte. Freilich bekannte er sich auch zu dem Satz: »Eigentum für jedermann« – und das hörte sich schon etwas freundlicher an. Mit Karl Marx überwarf er sich schon bald, der Kommunismus galt ihm als Unterdrückung der Starken durch die Schwachen. So also auch wieder nicht.

Einer der schärfsten Widersacher des streitbaren Proudhon war Pierre Leroux, Philosoph der saint-simonistischen Richtung und vorübergehend als Gründer der »Unabhängigen Revue« in Zusammenarbeit mit George Sand. Der sozialistisch motivierte Weg Leroux' stieß bei Proudhon auf beißenden Spott. Tatsächlich hielt Leroux, Vater von immerhin neun Kindern, offenbar nicht nur die ehelichen Pflichten für eine hohe Tugend, er setzte sich bei der Ausarbeitung der neuen Verfassung auch mit Verve dafür ein, daß Ehebrechern die bürgerlichen Ehrenrechte zu entziehen seien. Der unablässige Kampf für die Werte der Moral handelte ihm von seiten Proudhons die Mutmaßung ein, Leroux wolle aus der französischen Gesellschaft wohl ein ›laizistisches Kloster‹ machen. Leroux überlebte Proudhon sechs Jahre und folgte ihm dann auf den gleichen Friedhof in die 9. Division. Beide waren übrigens Abgeordnete der Nationalversammlung, aber keine der heute im Parlament vertretenen Parteien sieht sich in der Nachfolge von Proudhon oder Leroux.

Welch schauerliches Schicksal mag sich hinter der Tragödie verbergen, die den Wegrand der 4. Division gleichsam zur Bühne werden läßt?

Der untröstliche, trauernde Geliebte birgt das tränenreiche Antlitz in beiden Händen. Der Fels verleiht ihm festen Halt. Aber die Frau, der dieser herzzerreißende Schmerz gilt, ist längst dem Tod geweiht. Vergebens sucht sie der sich langsam neigenden Grabplatte zu widerstehen. Der in kaschierendes Tuch gehüllte Tod reißt sie mit sich hinab. Wenig später wird das Grab sie verschlungen haben. Eine Frau, ganz offenbar in besten Jahren. Der Bildhauer der in weißen Marmor gehauenen Szene läßt keinerlei Zweifel an den körperlich völlig intakten Reizen

der Dahinscheidenden aufkommen. Und auch der im Irdischen verbleibende Geliebte kann sich nicht nur sehen
lassen – er tut es auch.

Allerdings nicht mehr, wie nach seiner ersten Enthül-
lung, im Jardin du Luxembourg, der Lieblingspromenade
gutbürgerlicher Spaziergänger im Sonntagsstaat, sondern
seit 30 Jahren eben auf dem Friedhof. Dorthin verbannt
hat die Skulptur die Stadtverwaltung von Paris nach ve-

hementen Protesten eben jener Bürger, die die als »unkeusch und sittenlos« empfundene Szene den unschuldigen Augen der wohl durchweg sittsam erzogenen Kinder nicht feilbieten wollten. Der diskrete Charme der Bourgeoisie blieb außen vor, das gesunde Volksempfinden gipfelte gar in einer Bürgerinitiative, die Stadt gab nach, die Nackten gesellten sich zu den Toten, das Schauspiel und ach, ein Schauspiel nur und gar kein Grabmal, wurde auf den Friedhof verbannt. Dort ruht es nun in Frieden.

In der 13. Division sei auf drei Gräber hingewiesen. Am Rand der Avenue Principale, die vom Carrefour zum Haupteingang führt, fällt auf der schwarzen Marmorplatte, die das Grab des vormaligen Senators Georges Dayant (1915–1979) ziert, in regelmäßigen Abständen ein Grabschmuck auf, der zugleich auch als Symbol der 1981 gewählten sozialistischen Regierung gilt: eine rote Rose. Der stets langstielig geschnittenen Blume gibt ein Stein provisorischen Halt. So lange jedenfalls, bis die Rose verblüht ist und einer neuen Platz macht. Georges Dayan zählte zu den engsten Freunden und Vertrauten des Staatspräsidenten François Mitterrand, der nach seinem Amtsantritt ins Panthéon schritt und dort an drei Gräbern ebenfalls eine rote Rose niederlegte. Dem Senator Dayan blieb der Einzug ins Pantheon verwehrt, er bleibt aber durch die Rose geehrt.

Die Schauspielerin Jean Seberg (1938–1979), im gleichen Jahr wie Dayan gestorben und nur wenige Schritte von ihm bestattet, muß mit einer Rose aus Porzellan vorliebnehmen. Ihr Ehemann, der namhafte Schriftsteller Romain Gary, folgte ihr nur wenige Jahre später in den Tod. Die Boulevardpresse zog weidlich Nutzen aus dem zeitversetzten Sterben des prominenten Paares.

Verdeckt wird das unscheinbare Grab der schillernden Schauspielerin durch das reichgeschmückte Marmor-Mausoleum des Chirurgen Jacques Lisfranc (1790–1847). Seine ersten Meriten verdiente er sich als Armeearzt während der Napoleonischen Feldzüge, bevor er sich dann in zivilen Zeiten der Forschung zuwendete und es vor allem in der Kunst der Amputation zu hohem Ansehen brachte. Die beiden Reliefs »Letzter Sachsen-Feldzug« und »Lehrstunde der chirurgischen Klinik am Hôpital de la Pitié« legen Zeugnis über die wissenschaftlichen Bemühungen des Mediziners ab. Nicht unerwähnt bleiben soll die von gleichbleibender Aktualität kündende Inschrift: »Auch wenn die Chirurgie glanzvoll ist, wenn sie operiert, so ist sie es doch um so mehr, wenn sie, ohne Blut fließen zu lassen, die Heilung des Kranken bewirkt.«

Nur der sehr aufmerksame Spaziergänger wird in der 11. Division eine Statue bemerken, die eine Art Wallfahrtsort für die vielen Katzenliebhaber(innen) auf dem Friedhof geworden ist: das etwa lebensgroße Standbild eines Kindes, das liebevoll eine Katze im Arm trägt. Schon Baudelaire (»Sie suchen das Schweigen und den Schrecken der Nacht«) waren sie aufgefallen, die »Laufburschen des Todes«, wie er sie nannte, auch wenn sie für den Cimetière de Montparnasse gewiß nicht typischer sind als für andere Friedhöfe. Ein paar hundert von ihnen wird es wohl geben. Und jedesmal, wenn die geplagte Friedhofsverwaltung glaubt, das immerwährende Problem im Griff zu haben, naht die Urlaubszeit und mit ihr der Zuwachs an neuen herrenlosen Tieren. Verläßliche Verbündete hatten die Katzen schon immer in den alten Damen, denen die Grabpflege ihrer Anverwandten zunehmend zur Pflicht geriet, welcher sie dann die liebevolle Fütterung der Tiere als Kür folgen ließen. Aber als die auf Hygiene bedachte Administration zu einem Rundumschlag gegen die Katzen ausholte, da tat sich im April 1981 ein ›Komitee zur Verteidigung der freilebenden Tiere im Montparnasse-Friedhof‹ zusammen, das seitdem sorgsam über das Wohlergehen der nur vorübergehend verunsicherten Katzen wacht. Nun werden die Katzen – dafür hat sich das Komitee verbürgt – sukzessive eingesammelt, geimpft und gesundheitlich versorgt, um dann wieder in die Freiheit der geliebten Gruftnähe entlassen zu werden …

Nicht sehr weit weg vom anfangs zitierten Kenotaph

Baudelaires fällt eine schlanke hohe Säule auf, die sich an Extravaganz von allen architektonischen Launen des Friedhofs abhebt. Auf dem Säulenkopf thront eine schulterfreie Altmännerbüste. Es ist das Grab von Charles-Augustin Sainte-Beuve (1804–1869), Dichter und Schriftsteller, aber auch führender Literaturkritiker seiner Zeit. Das überaus eigenwillige Porträt stammt von demselben José de Charmoy, der auch den rätselvollen Kenotaph Baudelaires schuf. Ein langes faltenreiches Tuch windet sich wie eine Toga brustabwärts um die Säule und bedeckt auch den größten Teil der Grabplatte. Die kahlköpfige Büste beäugt dieses postume Säulenschicksal voll mürrischem Mißmut. So etwa muß im Rom der frühen Jahre der alte Cato Censorius dreingeschaut haben, als man ihm die Mitteilung zukommen ließ, Karthago sei noch immer nicht zerstört worden.

Jedenfalls fällt es unter diesem optischen Eindruck nicht leicht, nachzuvollziehen, daß dieser sauertöpfische Bärbeiß einmal – freilich in jüngeren Jahren – Victor Hugo die Ehefrau abspenstig machte. Während Sainte-Beuve Madame Adèle auf Schloß Les Roches galante Besuche abstattete, unternahm der aushäusige Gatte nicht weniger verträumte Waldspaziergänge mit seiner Geliebten Juliette Drouet im nahegelegenen Forst.

In späteren Jahren gab sich Sainte-Beuve dann weniger sinnlich. Die Brüder Goncourt, die ihn in einer seiner Wohnungen einmal aufsuchten, urteilten über die Atmosphäre der Behausung recht spitz: »Das Ganze macht den Eindruck eines von einem Benediktiner bewohnten Zimmers in einem Hotel Garni.«

Noch immer gilt die Rive Gauche, das linke Ufer der die Hauptstadt teilenden Seine, als die bei den Intellektuellen beliebtere Hälfte von Paris. Auch wenn das Erbe von Montparnasse zunehmend vergeudet wird. Man habe die Ateliers zerstört, um Hochhäuser zu bauen, grantelte Eugène Ionesco noch kurz vor seinem Tod. Der ›Vater des absurden Theaters‹ wohnte bis zu seinem Ableben 1994 in der 6. Etage eines Hauses am Boulevard Montparnasse.

Nur wenige Schritte entfernt von seinem früheren Lieblingsrestaurant, der Coupole. Aber auch die suchte er im Alter nicht mehr auf. Sie sei inzwischen überlaufen von der Plebs, Leute, die entsetzlichen Lärm machten – »einer der unangenehmsten Orte von Paris«.

Ionesco verließ seine Wohnung nicht nur aus Altersgründen immer seltener. 1970 hatte man ihn als ›Unsterblichen‹ in die Académie française berufen, ohne daß er die damit verbundenen Pflichten und Aufgaben je wahrgenommen hat. Die Pariser Kulturszene strafte er auch auf dem Höhepunkt seines Ruhms in den fünfziger und sechziger Jahren meist mit Mißachtung. Die intellektuelle Gegnerschaft zum einflußreichen Sartre grenzte ihn vor allem in den von der Linken beherrschten Zirkeln aus. Als Václav Havel 1991 zum Staatsbesuch in Paris weilte, erkundigte er sich bei einem der stets prunkvoll angelegten Empfänge des damaligen Kulturministers Jack Lang nach dem Befinden Ionescos, der ihn, so Havel, erst zum Schreiben bewegt habe. Peinlicherweise war Ionesco von Lang nicht eingeladen worden. Madame Lang persönlich sah sich genötigt, Ionesco telefonisch die Einladung nachzureichen. Ionesco war zwar als Sohn eines rumänischen Vaters und einer französischen Mutter in Rumänien geboren, als Kleinkind aber bereits mit der Mutter und seiner Schwester nach Paris übersiedelt. Die vorübergehende Rückkehr nach Rumänien als Jugendlicher endete mit einem Eklat. Er entzweite sich mit seinem autoritären Vater, dem Polizeichef von Bukarest, und kehrte für immer nach Paris zurück. In den vierziger Jahren floh die Familie aus dem von der deutschen Wehrmacht besetzten Paris nach Marseille, wo sich Ionesco vorübergehend als Lehrer seinen Lebensunterhalt verdiente. In dieser Zeit beschloß er, der deutschen Sprache zu entsagen, die er immerhin so gut beherrscht hatte, daß er sogar Übersetzungen anfertigen konnte. Aber politisch Lied blieb ihm zeitlebens ein garstig Lied. »Ich fliehe vor ihr« sagte er einmal, »weil ich sie nicht mag«.

Jahrzehntelang (!) spielte das kleine Zimmertheater La

Huchette im Quartier Latin seine Stücke. Daß Ionesco ebenso wie beispielsweise Giraudoux oder Anouilh später immer seltener auf den Spielplänen der internationalen Theaterszene auftauchte, konnte er verschmerzen. Im hohen Alter bereits wandte er sich zunehmend der Malerei zu. Eines seiner letzten überlieferten Merksätze war: »Ich habe für nichts gelebt und werde nichts mitnehmen. Ich gebe alles an der Garderobe ab.« (6. Div.)

Parallelen. Ebenfalls in den dreißiger Jahren kehrte ein spätberufener Schriftsteller ausländischer Herkunft nach Paris zurück, der sich fortan in seinem literarischen Schaffen fast nur noch des Französischen bediente. Ihm im Vergleich war selbst der eigenbrötlerische Ionesco ein gesellschaftlicher Salonlöwe.

Als junger Mann war der gebürtige Ire Ende der zwanziger Jahre nach Paris gekommen, um an der Eliteschule Ecole Normale Supérieure Englisch zu lehren. Er kehrte zwar noch einmal nach Dublin und dann London zurück, um sich 1937 aber endgültig in Paris niederzulassen. Er bezog eine Wohnung im achten Stockwerk des Boulevard St. Jacques 38 mit einem nicht gerade überwältigenden Ausblick auf den benachbarten Hof des Gefängnisses Santé und einer psychiatrischen Anstalt. Nach einem abendlichen Besuch der heute noch existierenden Brasserie Zeyer wurde er auf dem Nachhauseweg kurz hinter der Kirche St. Pierre Montrouge in der Avenue d'Orléans (heute Avenue Général Leclerc) überfallen, als sich ein Clochard auf der Höhe der Passage Rimbaud auf ihn stürzte und ihn mit einem Messer niederstach. Der junge Mann überlebte den Anschlag und besuchte den Attentäter später im Gefängnis. Auf die Frage, weshalb er gerade ihn angegriffen habe, antwortete der Mann: »Ich weiß es nicht.« Angeblich soll Samuel Beckett diesen Landstreicher dann in sein wohl berühmtestes Werk »Warten auf Godot« eingearbeitet haben.

Wie so vieles bei Beckett muß diese Anekdote Vermutung bleiben. Menschenscheu, fast unsichtbar für die begierige Pariser Kulturszene hat der hagere Ire mit dem grauen Bürstenhaarschnitt Deutungen und erklärende

Worte zu seinem literarischen Schaffen abgelehnt. »Ich habe nichts zu sagen«, beschied er die wenigen Fragesteller, die er an sich herankommen ließ, »ich kann nur sagen, bis zu welchem Punkt ich nichts zu sagen habe.«

Beckett ließ sich in kaum einen Freundeskreis einbinden. Selbst die Verleihung des Literatur-Nobelpreises 1969 löste ihn nicht aus der selbstgewählten Isolation. Anders als Ionesco hatte er sich im Krieg dem aktiven Widerstand gegen die Besatzungsmacht angeschlossen. Nur knapp konnte er sich dem Zugriff der Gestapo entziehen, floh in ein Dorf der Vaucluse und verdingte sich dort als Landarbeiter. Nach dem Krieg verdiente er sich seinen Lebensunterhalt zunächst mit Übersetzungen von Joyce, dem er in frühen Jahren als Sekretär verbunden war. Sein »Warten auf Godot« wurde erst sechs Jahre, nachdem er es verfaßt hatte, im Théâtre de Babylone uraufgeführt. Aber die stille Liebe des kauzigen Einzelgängers zu seiner neuen französischen Heimat wurde lange Zeit nicht erwidert. Das »Endspiel« kam zunächst in London auf die Bühne, wenn auch von einer französischen Theatergruppe gespielt. Ein Mann, der im Rollstuhl sitzt und nicht sieht, ein anderer, der sieht und nicht sitzt und zwei, die in Mülltonnen stecken – mon Dieu, wer sollte denn so etwas in Paris sehen wollen!

Nur wenige hatten seine überragende Bedeutung frühzeitig erkannt. Der Verleger Jérôme Lindon, der Schauspieler und Regisseur Roger Blin und natürlich Madeleine Renaud und Jean-Louis Barrault (siehe Cimetière Passy), die schon im Odéon und dann auch in der stillgelegten Gare d'Orsay und im Théâtre du Rond Point kaum eine Spielzeit ohne ein Beckett-Stück programmierten.

So zögernd das offizielle Frankreich den gebürtigen Iren als zunächst unverstandenen Adoptivsohn annahm, so geradezu überschwenglich verlieh es ihm in seinen letzten Lebensjahren die höchsten Weihen. Ein hochkarätig besetztes Kolloquium erkannte ihm zu seinem 80. Geburtstag in aller Bescheidenheit den Titel ›Dichter des Jahrhunderts‹ zu – Beckett selbst entzog sich selbst-

redend allen Feierlichkeiten und verschenkte das Preis-
geld, er war sich in seiner komplizierten Eigenwelt längst
selbst genug. Als seine Frau, die Pianistin Suzanne Du-
mesnil, die ihn fünf Jahrzehnte lang fürsorglich von der
Außenwelt abgeschirmt hatte, Ende der achtziger Jahre
starb, blieben auch ihm nur noch wenige Monate. Am
zweiten Weihnachtsfeiertag 1989 wurde er im Beisein
von nur wenigen Vertrauten auf Montparnasse beigesetzt
(12. Div.). Erst dann, so hatte er es gewollt, sollte die
Nachwelt von seinem Tod erfahren.

Es sind nur wenige Schritte von Beckett zu Gainsbourg
und doch liegen Welten dazwischen. Auf Gainsbourgs
Grab wird sein Leben weitergeschrieben. Als wollten ihn
seine Anhänger nicht aus diesem Leben entlassen, so haben sie auf seiner Grabplatte Erinnerungen an ihn aufge-
häuft. Hingeworfenen Souvenirmüll. Eine Schutthalde
von Nichtigkeiten, scheinbar bezugslosen Alltagskram.
Ein einäugiger Stoffbär glotzt müde zwischen welken
Blumen und einem Kohlkopf. Eine Anspielung auf Gainsbourgs tragikomische Pop-Symphonie »L'homme à la tête
de chou« aus den späten Siebzigern. Dazwischen unzäh-
lige Zigarettenkippen (Sartre läßt grüßen) und kleine
grüne Metro-Tickets, vergilbte Fotos und nachgekritzelte
Chansontexte. Jetzt hat auch der Montparnasse seine
Wallfahrtsstätte. Serge Gainsbourg hat zwei, drei Jahrzehnte lang Paris und die Franzosen entzweit wie kaum
ein anderer. Sein wildes, unstetes Leben verlief in Fieber-
kurven. Sänger und Schauspieler, Komponist und Regisseur, früher Maler und Pianist – was immer er anpackte
und mit fahriger Hand wieder wegwarf, das schockte und
begeisterte, das rief Ekel hervor und Faszination, Jubel
und Empörung, es gab nie eine Grauzone der Gefühle
ihm gegenüber.

Ratlose Kritiker nannten ihn in platter Kennzeichnung
das »enfant terrible«, den »ewigen agent provocateur«,
Gainsbourg selbst quittierte es mal mit fatalistischem
Gleichmut, mal mit beißendem Zynismus. Als Talkgast im
Fernsehen, begehrt und gefürchtet, sorgte er routiniert

und verläßlich für Dauerskandale, zündete sich mit einem Geldschein die Zigarette an, lallte vor randvoll gefülltem Whiskyglas, das er seinem Gegenüber auch schon mal über 's Hemd goß, und trieb die amerikanische Pop-Sängerin Whitney Houston, verstört schluchzend, aus dem Studio mit einem in Vulgär-Englisch dahingehaspelten eindeutig unmoralischem Angebot. Dennoch oder gerade deshalb blieb das Irrlicht der Pariser Schickeria-Szene zeitlebens eine Randfigur.

Als Sohn eines Pianisten russisch-jüdischer Herkunft trug er den früh verhaßten Namen Lucien Ginzburg, wird wegen notorisch schlechten Betragens von der Schule verwiesen, fällt auch, obwohl als Eliteschütze ausgezeichnet, im Militärdienst durch konsequente Disziplinlosigkeit auf, tingelt dann lustlos als Klavierspieler und Architekturstudent durch eine späte Jugend und findet über eine schicksalhafte Begegnung mit dem kurze Zeit später verstorbenen Boris Vian (»Der entscheidende Faustschlag in meine Fresse«) zum Chanson. Aber anders als Brassens, Brel oder auch Ferré stiehlt er sich aus der Poesie im Lied heraus, macht Sprache zum Spielzeug zwischen Comic-Witz und Gassen-Slang. Wird ihm das zu langweilig, dann schreibt er trendsicher und marktgerecht Erfolgstitel am Laufband. Nicht einmal der bieder-spießige »Grand Prix Eurovision de la Chanson« ist vor ihm sicher. Die damals noch unbekannte France Gall trällert sich mit Gainsbourgs Hilfe an die Spitze der Hitliste. Und dann doch wieder der exzentrische Provokations-Profi. Er verhöhnt – quel scandale! – Frankreichs unantastbare Nationalhymne, die Marseillaise, in einer rhythmischen Reggae-Version (»Aux armes etcetera«), so daß in Straßburg Fallschirmjäger aufmarschieren (!), um die öffentliche Darbietung des musikalischen Frevels zu unterbinden. Schon in den sechziger Jahren hatte er mit seiner millionenfach verkauften Stöhnballade »Je t'aime, moi non plus« vier Minuten und zwanzig Sekunden lang nicht nur die Musikwelt atemlos werden lassen. Die Urfassung mit Brigitte Bardot ließ deren damaliger Ehemann Gunter

Sachs noch in letzter Stunde einstampfen, die Neuauflage mit Gainsbourgs späterer Gefährtin Jane Birkin wurde zum Welterfolg. Diese lauthals angeprangerte kleine Nachtmusik sollte nicht der letzte Paukenschlag des genialen Chanson-Fabrikanten bleiben, aber es machte ihn zur Legende. Im April 1991 starb Serge Gainsbourg plötzlich, auf Grund seiner dauerhaften Exzesse aber nicht unerwartet. Warum er immer rastlos sei und seinem Glück davonlaufe, wurde er einmal gefragt. Mir liegt nichts daran, glücklich zu sein, gab er zur Antwort. »Glück ist langweilig und nicht konstruktiv.«

Kehren wir zu stilleren Grabstätten zurück. Noch einmal muß ich an Beckett denken, als ich vor dem frischen Grab der Marguerite Duras stehe. Wohlwollend hatte er sie in einem seiner seltenen Kommentare als bedeutendste Schriftstellerin Frankreichs bezeichnet. Jack Lang, der Zeremonienmeister der französischen Gegenwartskultur, verlieh ihr gewohnt blumig den Titel einer »Zauberin der Literatur«. So gesehen hatte die ›Doyenne du Nouveau Roman‹ (dies wohl wirklich eine zutreffende Bezeichnung ihres Schaffens) vor allem in den letzten Lebensjahren für irritierende Kabinettstückchen gesorgt. Ihre offen und demonstrativ artikulierte Germanophobie bleibt verständlich. Als engagiertes Mitglied der Résistance, in der sie den zeitlebens verehrten Mitterrand kennengelernt hatte, war sie nach Deutschland deportiert worden. Vor nichts in meinem Leben, hatte sie wiederholt gestanden, habe ich soviel Angst gehabt wie vor den Deutschen. Nach dem Krieg trat sie der Kommunistischen Partei bei, wurde sehr früh aber wieder ausgeschlossen. Politisches Engagement, meist sehr impulsiv vorgetragen, war ihr eine Selbstverständlichkeit. Sie trennte es jedoch strikt von ihrer schriftstellerischen Arbeit. Daß sie dem wenige Wochen vor ihr verstorbenen Mitterrand bis in die letzten Tage seiner Amtszeit hinein kritiklos und fast schwärmerisch verbunden blieb, selbst die Schattenseiten seiner langen Regentschaft vehement schönfärbte, nahm man hin. Stirnrunzeln erntete jedoch ihre anhaltende

Sympathie für den in zahlreiche Affären verstrickten Multimanager und Ex-Minister Tapie und erst recht ihr fragwürdiger Ausflug in den Tagesjournalismus, als sie in einem ganz Frankreich bewegenden Gerichtsfall die angeklagte Mutter freiweg zur Kindsmörderin stempelte und sich zu einer literarischen Heldendeutung verstieg.

Ungeachtet dieser gewagten und zuweilen bar jeder ernsthaften Recherche unternommenen Eskapaden blieb ihre literarische Bedeutung unbestritten. Marguerite Duras hinterließ ein vielstimmiges Gesamtwerk von rund vierzig Romanen, zehn Theaterstücken und ebensoviel Filmen. Die 1914 in der Nähe von Saigon geborene und dort aufgewachsene Schriftstellerin schrieb unter anderem das von Alain Resnais verfilmte »Hiroshima mon amour« und den dann ebenfalls verfilmten Roman »Der Liebhaber«, der in zwanzig Sprachen übersetzt und über zwei Millionen mal verkauft wurde. Wie so vieles in ihrem Werk, eine stark autobiografisch geprägte Geschichte um ein junges Mädchen, das sich in lasziver Neugier einem bedeutend älteren Chinesen hingibt. (21. Div.)

Vielleicht gibt es doch einen Friedhofs-Kobold. Einen kleinen bösen Rumpelstilz, der nichts als Schabernack im Kopfe trägt und arglose Besucher hämisch auf falsche Pfade führt, zuweilen an dem mühsam zusammengelesenen Wissen zweifeln läßt. Da stößt zum Beispiel im äußersten Südteil des kleinen Friedhofs der verunsicherte Blick auf den Namen Rommel, und gegenüber hat sich eine Colette zur Ruhe gelegt. Eine zufällige Namensgleichheit wie eine George Sand in der 15. Division und gar ein Charles de Gaulle (1837–1880) in der 18. Division. Der Alfred Dreyfus (28. Division) ist jedoch der ›echte‹.

Jener Hauptmann Dreyfus, der, wie sich später herausstellte, zu Unrecht des Landesverrats bezichtigt und verbannt worden war. Daraus entwickelte sich die nach dem Verurteilten benannte Affäre, die Frankreich zwölf Jahre in Atem hielt und Émile Zola schließlich zu dem berühmtgewordenen Leitartikel in der von Clemenceau geführten Zeitung »L'aurore« veranlaßte mit dem legendären »J'accuse« (ich klage an) in der Titelzeile. Der später rehabilitierte und zum Offizier der Ehrenlegion ernannte Dreyfus starb 1935.

Im gleichen Jahr erschien der Roman eines in Argentinien geborenen französischen Schriftstellers russischer Herkunft: »La Passante de Sanssouci« (Die Spaziergängerin von Sanssouci). Als Korrespondent der Zeitung Paris-Soir hatte er noch vor Hitlers Machtergreifung die Zukunft Deutschlands und Europas in düsteren Farben vorausgemalt, und Joseph Kessel zählte zu den ersten, die die französische Öffentlichkeit auf die einsetzenden Judenverfolgungen im Nachbarland aufmerksam machten. Der Roman wurde Anfang der 80er Jahre verfilmt. Es war übrigens die letzte Rolle von Romy Schneider, die 1982 unter nie ganz geklärten Umständen in ihrem Pariser Appartement starb und in einem kleinen Dorf im Westen von Paris, in der Nähe eines kurz zuvor erworbenen Landsitzes, begraben liegt.

Ich war kurz vor ihrem Tod gebeten worden, an einer Rätsel-Sendung im Rundfunk teilzunehmen, und sollte das typische Utensil einer oder eines Prominenten besorgen, das dann von den Hörern herauszufinden war. Also etwa das Teeservice der Marie-Antoinette oder – gewiß um Nuancen einfacher – die Sonnenbrille der Bardot. Da eine Anfrage im Elysée-Palast ebenso wenig Aussicht auf Erfolg versprach wie der Bittbrief um eine Dauerleihgabe aus dem Louvre, da gleichwohl der Anspruch der Redaktion die bescheidene Prominenz meines Bekanntenkreises weit überstieg, war ich drauf und dran, meine Bemühungen einzustellen. Der Zufall half mir schließlich weiter. Ein Maskenbildner, den ich erst ein paar Wochen kannte, überließ mir den Schminkstift, mit dem er Romy Schneider bei den gerade abgelaufenen Dreharbeiten verschönt hatte.

Romy starb, das Rätsel wurde natürlich abgesetzt, und der Schminkstift verschwand in einer Schublade.

Seltsam, welche Ausflüge die Erinnerung unternimmt, welch zufällige Reisen, die einen für Augenblicke nur da-

Ein Grab von naiver Symbolkraft. Gustave Jundt (1830–1884) war ein Maler aus dem Elsaß. Ein jovialer Onkel-Typ, dem zwar die Hemdbrust eng geworden, das Herz aber offen geblieben war. Kein strenger Patriarch, der zum Rohrstock greift. Eher wohl einer, der seinen Nichten schon mal ein paar Francs für Naschwerk zugesteckt hat. Oder doch ein feister Macho, der sich die Palette vom Bauernkind mit dem Jungmädchenzopf mit Feldblumen schmücken läßt, wobei die Kleine sich nach Art der guten alten Sitten gehörig zu strecken hat. Ach so, die Symbolkraft: Jundt war Illustrator von Kinderbüchern (17. Div.).

vontragen. Und das alles bei Anblick dieses Namens: Joseph Kessel. Ein Abenteurer, wie unser Jahrhundert wohl nur wenige gesehen hat. Joseph Kessel, der in aller Welt hinreißende Reportagen geschrieben hat, eine Art Globetrotter-Kisch, dessen seherische Mahnungen zunächst nicht ernst genommen wurden und der später zusammen mit seinem Neffen den berühmten »Chant des Partisans« schrieb, die Hymne der Résistance, der, längst auf der Suchliste der Gestapo, nach London entkam, wo ihm de Gaulle zu bedenken gab: »In Ihrem Alter ist es schwer, an die Front zurückzukehren. Aber Sie können ja etwas über die Résistance schreiben« –, der dann aber doch als rüstiger Mittvierziger, neben Piloten, die seine Söhne hätten sein können, in Jagdbombern den Steuerknüppel übernahm, dieser bis ins hohe Alter rastlose Chronist seiner Zeit bekannte – so hat es sein Biograph Yves Courrière überliefert –: »Ich möchte schnell sterben. Mich in einen Sessel setzen, eine Zigarette anzünden, das wäre gut …«

Am 23. Juli 1979 hat man den 81jährigen tot aufgefunden. Er war in seinem Sessel eingeschlafen. Im Aschenbecher war eine nicht zu Ende gerauchte Zigarette verglüht.

Weiter südlich noch schließt sich die 30. Division an, die den israelitischen Teil beherbergt. Mit stets wiederkehrenden Namen: Meyer, Bloch, Woms, Lévy, Blum, Kahn. Es sind oft eigenartige Grabstätten. Kaum mehr lesbare, von Moos überzogene Plaketten, die dutzendweise auf einer Platte befestigt wurden. Oder verrostete, großflächige und teils löchrige Herzen, die an ebenso verrosteten Eisenstäben hängen. Wie welk gewordene Blätter, die nur darauf warten, daß sie ein letzter Windstoß zu Boden fegt. Madame Fanny Meyer, gestorben am 30. Juni 1889, im Alter von 83 Jahren. Gleich danaben Maurice Segal, gestorben am 1. Juli 1889, im Alter von zwei Monaten. Ein Tag nur liegt dazwischen. Trennt das letzte Lebenszeichen von drei oder vier Generationen. Dieser Teil wirkt wie der Hinterhof der Totenstadt am Montparnasse. Verlassen, vergessen, gestrig. Eben tot. Kaum frische Blumen, selten Besucher, keiner, der fragt: bitteschön, können Sie mir sagen, ob ich hier Baudelaire oder Sartre finde? Gefragt hat mich mal einer, wo Leconte de Lisle zu finden ist, der die »Marseillaise« geschrieben hat. Ich mußte ihn doppelt enttäuschen, hatte freilich meine Lehrstunde schon hinter mir. Gemeint hatte der interessierte Besucher Rouget de L'isle, der völlig verarmt bereits 1836 im Pariser Vorort Choisy-le-Roi starb und dann, spät geehrt, im Invalidendom bestattet wurde.

Charles-Marie-René Leconte de Lisle (1818–1894) ist als Sohn bretonischer Eltern auf der Afrika vorgelagerten Insel La Réunion geboren, verbrachte aber die meiste Zeit seines Lebens in Paris. 1977 wurden die Überreste des Dichters nach Réunion überführt. Das Grab auf Montparnasse ist heute also leer. Unter einer Bronzebüste ist zu lesen: »Licht, wo bist du also? Vielleicht im Tod.«

Eine vage Bindung an den Montparnasse-Friedhof hat der zuvor zitierte Rouget de L'isle aber doch. Seine Heimatstadt Lons-le-Saunier im Jura ehrt ihn nämlich mit einem Standbild, das Frédéric-Auguste Bartholdi geschaffen hat. Und dieser Bartholdi (1834–1904) hat sich (28. Division) mit einer seiner letzten Skulpturen selbst ein Ehrenmal auf Montparnasse gesetzt. Die geflügelte Dame mit der in den Himmel gereckten rechten Hand hätte jedoch nicht seinen Ruf begründet. Bartholdis Werk, dem beispielsweise auch der mächtige Löwe von Belfort zu verdanken ist, gipfelte ohne Zweifel in einer Auftragsarbeit, die als Freiheitsstatue von New York zum Symbol geworden ist. Kopien der Statue sind gleich mehrfach in Paris zu bestaunen. Ein Modell steht im Gewerbemuseum, das in der ehemaligen Kirche St. Martin-des-Champs eingerichtet wurde. Einem überaus sehenswerten Haus im übrigen, das dem Deutschen Museum in München als Vorbild diente und in dem unter der früheren Kirchenkuppel urzeitliche Autos und Flugzeuge ihren letzten Stellplatz fanden. Ein zweites, noch kleineres Modell steht im Jardin du Luxembourg, und letztendlich hat man – Paris grüßt New York! – mitten auf einer Seine-Insel am Quai de Grenelle einen ebenfalls verkleinerten Abguß plaziert. Dies allerdings unter erheblichen protokollarischen Schwierigkeiten, die den damaligen Präsidenten der Französischen Republik zunächst in Verlegenheit und dann in Rage versetzten. Denn selbstredend sollte die Statue, das ferne New York im imaginären Blickfeld, nach Westen schauen. Da sie allerdings am Ende der Landzunge postiert werden sollte, hätte sie Monsieur le Président, der die Schirmherrschaft der denkwürdigen

Veranstaltung dankenswerterweise übernommen hatte, nur über den Seeweg einweihen können. Ein leibhaftiger Präsident auf einem womöglich schwankenden Seine-Kahn – den Unbilden schwerer Stürme ausgeliefert, dieser atemberaubende, voller Tücke steckende Gedanke wurde schnell wieder verworfen. So drehte man – Freiheit hin, Statue her – dem Ehrengast zuliebe das Monument auf die landzugewandte Seite, womit zwar nicht der Symbolkraft, wenigstens aber den Besorgnissen des Protokolls Rechnung getragen wurde. Erst ein halbes Jahrhundert später besann man sich auf ursprünglich gehegte Absichten und drehte das Denkmal wieder gen Westen. Diesmal ohne präsidentiellen Einwand.

Die Episode, die keinerlei Nachwirkungen auf die französisch-amerikanischen Beziehungen hatte, spielt sich im zu Unrecht verkannten 16. Arrondissement von Paris ab, einem Viertel, das gemeinhin als großbürgerlich-vornehm, spießig und öde und ohne jeden literarischen Reiz geschildert wird. Das Gegenteil ist der Fall, und aus gegebenem Anlaß sei ein Ausflug in den Westen von Paris erlaubt, dem wir ohnedies noch einen Besuch abstatten werden, wenn vom Friedhof Passy die Rede sein wird. Da liegt, wenige Schritte nur von der Seine entfernt, die kleine Rue Berton. Ein gepflasterter Pfad, der sich, wie nur wenige Gäßchen im heutigen Paris, ländlich-provinziellen Charakter bewahrt hat. Eine Adresse allerdings, die bei der französischen Polizei dick unterstrichen ist, denn dort ist heute die immer wieder von terroristischen Anschlägen heimgesuchte türkische Botschaft untergebracht. Früher befand sich an dieser Stelle die Residenz der Prinzessin von Lamballe, die während der Revolutionswirren auf grauenvolle Weise umgebracht wurde, nachdem sie sich geweigert hatte, ihre Freundin Marie Antoinette öffentlich zu schmähen.

Ein halbes Jahrhundert später installierte dort Doktor Blanche eine psychiatrische Klinik, die nach Nerval und dem Komponisten Gounod auch Guy de Maupassant zu ihren Patienten zählte. Maupassant wurde freilich als

Das schönste vom Schönen. Das Ehepaar Pigeon. Der ruhm-
reiche Charles Pigeon (1838–1915), dem die Welt die Erfindung
der nichtexplosiven Lampe verdankt. Ein Gesprächsthema
immerhin anläßlich der Erfindermesse bei der Weltausstellung
1889 – lediglich in den Schatten gerückt durch den gleich-
zeitigen Bau des Eiffelturms. Solchermaßen gesichert gegen
unerwünschte Lichteffekte zu abendlicher Plauderstunde im
Ehebett – da läßt sich schon der Angetrauten beschaulich die
Leviten oder anderes Druckwerk lesen (22. Div.).

51

schon hoffnungsloser Fall mit der Patienten-Nummer 15 eingeliefert, den eine verschleppte Syphilis bereits zugrunde gerichtet hatte. Friedrich Sieburg schildert augenfällig die fortgeschrittene Verwirrung des Kranken, der bei seinen Rundgängen im Anstaltsgarten immer wieder mit dem Finger Löcher in die Erde gebohrt habe und den Arzt davon zu überzeugen suchte, daß kraft biologischer Gesetzmäßigkeit in neun Monaten Kinder aus dem Boden sprießen würden.

Überzeugte Republikaner werden darauf verweisen, daß das traurige Ende des wohl begabtesten Novellisten der französischen Literatur durch die Dekadenz seiner adligen Herkunft vorgezeichnet sei. Zunächst aber nahm die Karriere Maupassants einen durchaus bürgerlichen Verlauf. Nach Reifeprüfung, Studium und Militärdienst fand er eine Beamtenstelle im Marine-Ministerium, die er erst aufgab, als ihm der Erfolg seiner schriftstellerischen Tätigkeit finanzielle Unabhängigkeit garantiert hatte. Sein Privatleben jedoch prägte ein exzessiver Hang zu sinnlichem Genuß. Sein sexuelles Leistungsvermögen soll seine bereits zu Lebzeiten durchaus anerkannten schriftstellerischen Fähigkeiten quantitativ und qualitativ noch weit in den Schatten gedrängt haben, so daß sein syphilitisches Mißgeschick gleichsam nach dem Gesetz der Wahrscheinlichkeit unausweichlich in sein ausuferndes Geschlechtsleben treten mußte. Unbewiesen bleibt die pikante Vermutung, daß sein Gönner Flaubert, Jugendfreund der Mutter immerhin, sein leiblicher Vater war. Erwiesen ist dagegen, daß Émile Zola (siehe Montmartre) die Grabrede auf dem Friedhof Montparnasse hielt und auch die Totenwache.

Daß der geschilderte Spaziergang bei Baudelaire und seinen Ausschweifungen beginnt und mit dem auch nicht sehr asketisch verlaufenen Leben Maupassants endet, ist reiner Zufall. Frau Hrdlicka, die ich für immer aus den Augen verloren habe, hätte vielleicht einen ganz anderen Weg eingeschlagen.

ferner liegen ...

Raymond Aron (1905–1983), französischer Philosoph, Soziologe und Schriftsteller (24. Div.).

Jacques Becker (1906–1960), französischer Filmregisseur (»Goldhelm«) (22. Div.).

Émile-Antoine Bourdelle (1861–1929), französischer Bildhauer. In der Rue Antoine Bourdelle (15. Arrondissement) ist ihm ein eigenes Museum gewidmet. Es ist sein früheres Atelier, in dem er 45 Jahre gearbeitet hat (15. Div.).

Brassaï (Gyula Halasz/1899–1984), französischer Fotograf ungarischer Herkunft, Chronist des nächtlichen Paris in den dreißiger Jahren (2. Div.).

Jules Breton (1827–1906), französischer Dichter und Maler (17. Div.).

Jean Carmet (1920–1994), französischer Filmschauspieler (4. Div.).

Emmanuel Chabrier (1841–1894), französischer Komponist (9. Div.).

André Citroën (1878–1935), französischer Automobil-Konstrukteur (28. Div.).

Julio Cortázar (1914–1984), argentinischer Schriftsteller (»Marelle«) (3. Div.).

Robert Desnos (1900–1945), surrealistischer Dichter, während der Deportation gestorben (15. Div.).

Porfirio Diaz (1830–1915), Präsident der mexikanischen Republik zwischen 1876 und 1911, im Exil gestorben (15. Div.).

Léon-Paul Fargue (1876–1947), französischer Dichter. Schüler von Stéphane Mallarmé (18. Div.).

Charles Garnier (1825–1898), Erbauer der Pariser Oper und des Kasinos von Monte-Carlo (11. Div.).

Louis Hachette (1800–1864), Gründer des französischen Verlagshauses gleichen Namens (15. Div.).

Clara Haskil (1895–1960), Pianistin ungarischer Herkunft (4. Div.).

Henri Langlois (1914–1977), Gründer der Pariser Cinémathèque (6. Div.).

Der Kuß – eine erotische Untertreibung des aus Rumänien stammenden Bildhauers Constantin Brancusi (1876–1957), einer T. Rachevskaia gewidmet. Brancusi selbst liegt in einem sehr viel weniger aufsehenerregenden Grab in der 18. Division. Die in natura überraschend schmächtige Kuß-Skulptur von 1910 verursachte einen Schock in der zumindest nach außen hin doch prüden Pariser Gesellschaft. Brancusis Kuß versteckt sich zwar im hintersten Winkel des kleinen Friedhofs (22. Div.), zählt aber zu den Hauptattraktionen.

Pierre Larousse (1815–1875), französischer Lexikograph und Verleger (14. Div.).

Urbain-Jean-Joseph Le Verrier (1811–1877), französischer Astronom. 1846 entdeckte Le Verrier den Planeten Neptun. Später wurde er Abgeordneter, Senator und Direktor des Pariser Observatoriums (11. Div.).

Anna Liszt (1788–1866), Mutter des Komponisten Franz Liszt (10. Div.).

Pierre Louÿs (1870–1925), französischer Dichter (24. Div.).

Maria Montez (1918–1951), französische Schauspielerin (30. Div.).

Paul Picasso (1921–1975), Sohn des Malers Pablo Picasso (16. Div.).

Henri Poincaré (1854–1912), französischer Mathematiker (16. Div.).

Jean Poiret (1926–1992), französischer Schauspieler (4. Div.).

Edgar Quinet (1803–1875), französischer Historiker, Philosoph und Politiker (11. Div.).

Jean-Marc Reiser (1941–1983), französischer Zeichner und Karikaturist (»Vive les femmes«) (13. Div.).

François Rude (1784–1855), französischer Bildhauer (11. Div.).

Heinrich-Daniel Ruhmkorff (1803–1877), deutscher Physiker (20. Div.).

Camille Saint-Saëns (1835–1921), französischer Komponist (13. Div.).

Delphine Seyrig (1932–1990), Filmschauspielerin (»Letztes Jahr in Marienbad«) (15. Div.).

Edouard Wolff (1814–1880), französischer Komponist (5. Div.).

Montmartre

Es war einer dieser Tage, an denen man sich fragt, warum man denn ausgerechnet in dieser Stadt leben, arbeiten und sich fortbewegen muß. Ein besonders lauter und hektischer, ein chaotischer Tag. Eigentlich ein ganz normaler Tag.

Paris, Paris, du bist ein Paradies. Auf den Postkarten ist dein Himmel immer blau. Aber das ist der Himmel über Iserlohn auf den Postkarten wohl auch. Nur liegt Iserlohn nicht an der Seine, und überhaupt gibt es eben nur in Paris den Eiffelturm und die ewig lächelnde Mona Lisa und all die anderen Baedeker-Sterne, die jeden Alltagsärger überstrahlen und einen schließlich doch sagen lassen: letztlich lieber in Paris als in Iserlohn. Auf die Gefahr hin, daß ich Iserlohn unrecht tue, denn ich kenne es gar nicht.

Nur eben an diesem Tag will ich weder froh noch dankbar sein, denn ein Termin jagt den anderen, der Eiffelturm kann mir gestohlen bleiben, und das Lächeln der Mona Lisa soll der Teufel holen. Natürlich ist das ungerecht, denn niemand kann etwas dafür, daß ich mitten in einem Stau stehe und die Zeit davonläuft. Es ist zwar ein Stau an der Place de Clichy, zu Füßen also des Montmartre, aber das macht die Sache nicht reizvoller. Ein paar Flics erfüllen die Aufgabe, den Verkehr zu regeln, im Zustand gelassener Verzweiflung – aber sie bewältigen sie nicht. Wie auch? Die Ampeln, die ohnehin nur zur Auflockerung des Stadtbildes dienen, sind abgeschaltet und reizen damit wenigstens nicht durch ihr periodisch ausgestrahltes Rot den Pariser Autofahrer zu einer noch sportlicheren Gangart. Irgendwann wird der Stau sich wieder auflösen, der längst verstrichene eilige Termin, so wird einem später berichtet, war im letzten Augenblick abgesagt worden, durch Zufall hat man ein kleines Bistro entdeckt, in dem nach einem nicht einmal zu kostspieligen, aber köstlichen Menü ein traumhafter Birnenkuchen serviert wird, und dann beginnt man auch wieder Paris zu lieben. Mit und ohne Eiffelturm und Mona Lisa. Und Staus gibt es zuweilen vielleicht auch in Iserlohn…

Aber soweit war ich noch nicht an diesem Tag. Um 15 Uhr sollte Truffaut beerdigt werden. Der Nordfriedhof, besser bekannt als Cimetière de Montmartre, ist nur über die Rue Caulaincourt zu erreichen, die als Brücke über den tiefer liegenden Friedhof hinwegführt. Natürlich kann man seinen Wagen auch in einer Seitenstraße abstellen, muß dann aber fünf oder zehn Minuten Fußweg in Kauf nehmen. Besser noch und bequemer: man nimmt die Metro. Aber in die Metro steigen die Leute, die Truffaut das letzte Geleit geben, nur im Film. Eines seiner letzten Werke hieß übrigens »Die letzte Metro«.

Das Fernsehen war da, natürlich, und Léaud war dabei und Denner und Fanny Ardant und überhaupt viel Prominenz, Truffaut war und ist eben wer. Ich liebe Friedhöfe, aber ich mag keine Beerdigungen. Es regnete nicht, aber es war ein grauer Tag. Dies eine Mal fragten die Leute am Eingang nicht: Ach, bitteschön, wo liegt denn Heine? Denn Heine ist hier der Star, wenn man so sagen darf. Henri Heine, wobei das Heine wie »ään« auszusprechen ist. Das Grab von »ään« wird selbst von Leuten aufgesucht, die nur wenig über ihn gehört und manchmal gar nichts von ihm gelesen haben. Aber Heine ist eben zur touristischen Pflichtübung geworden. So wie – und damit adieu – die Mona Lisa im Louvre und, wenn es der Geldbeutel gestattet, man verzeihe mir den gewagten Vergleich, die Blutente im renommierten Luxusrestaurant »Tour d'Argent«. Immerhin: die »Tour d'Argent« reißt tiefe Löcher ins Urlaubsbudget – Heine ist kostenlos.

Wo wird einst des Wandermüden
letzte Ruhestätte sein?
Unter Palmen in dem Süden?
Unter Linden an dem Rhein?

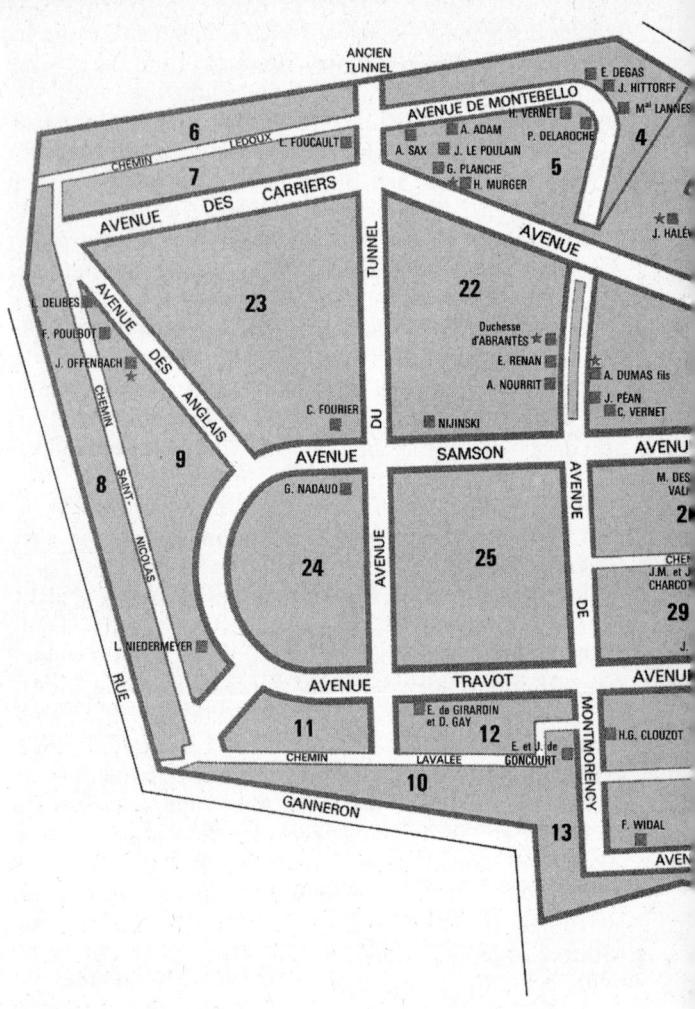

Nach: Jacques Barozzi:
Guide des cimetières parisiens. Paris: Hervas, 1990.

FRIEDHOF MONTMARTRE

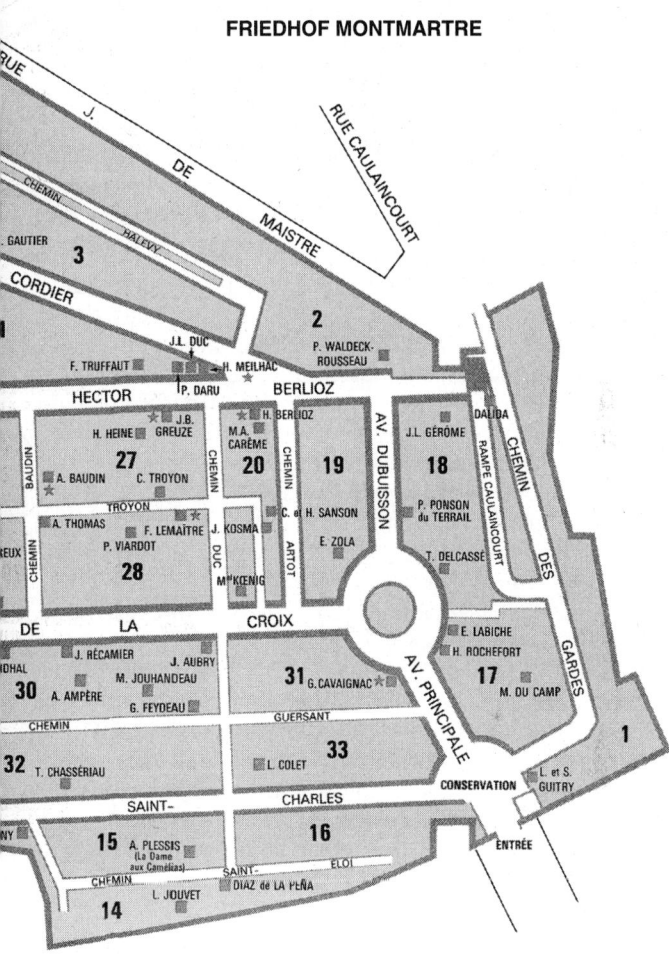

RUE
J.
DE
CHEMIN
MAISTRE
HALEVY
RUE CAULAINCOURT
. GAUTIER
3
CORDIER
2
J.L. DUC
P. WALDECK-
ROUSSEAU
F. TRUFFAUT
H. MEILHAC
P. DARU
HECTOR
BERLIOZ
H. BERLIOZ
DALIDA
J.B.
AV. DUBUISSON
H. HEINE
GREUZE
M.A.
J.L. GÉRÔME
RAMPE CAULAINCOURT
CHEMIN
BAUDIN
CARÊME
27
CHEMIN
20
CHEMIN
19
18
A. BAUDIN
C. TROYON
P. PONSON
du TERRAIL
TROYON
C. et H. SANSON
ARTOT
A. THOMAS
F. LEMAÎTRE
J. KOSMA
E. ZOLA
T. DELCASSÉ
REUX
P. VIARDOT
DUC
CHEMIN
28
Mᵐᵉ KŒNIG
DE
LA
CROIX
E. LABICHE
DES
J. RÉCAMIER
J. AUBRY
H. ROCHEFORT
NDHAL
M. JOUHANDEAU
31 G. CAVAIGNAC
AV. PRINCIPALE
17
30
A. AMPÈRE
M. DU CAMP
GARDES
G. FEYDEAU
CHEMIN
GUERSANT
1
32
T. CHASSÉRIAU
33
L. COLET
L. et S.
GUITRY
CONSERVATION
SAINT-
CHARLES
NY
15
A. PLESSIS
16
(La Dame
aux Camélias)
ENTRÉE
SAINT-
ELOI
CHEMIN
DIAZ de LA PEÑA
14
L. JOUVET

Werd' ich wo in einer Wüste
eingescharrt von fremder Hand?
Oder ruh' ich an der Küste
eines Meeres in dem Sand?

Immerhin! Mich wird umgeben
Gottes Himmel, dort wie hier,
und als Totenlampen schweben
nachts die Sterne über mir.

Zigtausendmal sind diese Grabzeilen wohl schon fotografiert, millionenfach vielleicht gelesen worden. Die weiße
Marmorbüste, die dem dänischen Bildhauer Nasselriis
nach Ansicht mancher Beobachter wie ein Christuskopf
ohne Dornenkrone geriet, fand als schmückende Zutat
erst nach Umwegen zu Heines Grab. Seine Geburtsstadt
Düsseldorf hatte das Wiener Kaiserhaus wissen lassen,
man lege keinen allzu großen Wert auf den Besitz der Büste, so daß sie zunächst einen Platz in der Achilleionvilla
der Kaiserin Elisabeth auf Korfu fand. Als das Anwesen
nach Elisabeths Tod in dem deutschen Kaiser Wilhelm
einen neuen Besitzer fand und da Heine am Hofe nicht im
besten Rufe stand, bestand kein Anlaß, den Dichterkopf
auf Korfu zu belassen. So fand er schließlich nach Paris zu
Heines Grab.
    Heine ist am 20. Februar 1856, einem naßkalten Win-
termorgen, bestattet worden. »18 deutsche Schuster« will
Théophile Gautier, der ebenfalls auf diesem Friedhof liegt,
gezählt haben. Aber das ist wohl dichterische Freiheit.
Von einer innigen Beziehung des Dichters zum Schuster-
handwerk kann wohl nicht gesprochen werden, wenn
man davon absieht, daß er seine spätere Frau Mathilde
in einem Schuhgeschäft (andere Quellen sprechen von
einem Handschuh-Geschäft) kennengelernt hatte. Flaubert empörte sich denn auch noch Jahre später angesichts
von nur neun Personen, die dem Toten zur Ehre sich auf
dem Friedhof eingefunden hätten.
    Heine selbst hatte sich schon frühzeitig und ausführlich

Gedanken über seine Bestattung gemacht. Sein Leichenbegängnis sollte so einfach wie möglich sein, und außerdem verbat er sich, daß »irgendeine Rede, deutsch oder französisch, gehalten werde«. Jedenfalls wünschte er, »auf dem Kirchhofe des Montmartre begraben zu werden, auf keinem anderen ... und zwar, obgleich ich der lutherisch-protestantischen Konfession angehöre, so wünsche ich doch in jenem Teile des Kirchhofs beerdigt zu werden, welcher den Bekennern des römisch-katholischen Glaubens angewiesen ist, damit die irdischen Reste meiner Frau, die dieser Religion mit großem Eifer zugetan ist, einst neben dem Meinigen ruhen können.«

So geschah es denn auch. Crescencia Eugénie Mirat, seine Mathilde, wie er sie nannte, weil er Crescencia unausstehlich fand, folgte ihm erst viel später, 1883, in die Gruft. Sie hatte sich über den Tod des Gatten bald hinweggetröstet und bei dem Historiker und Schriftsteller Hippolyte Taine, dem Rilke dann seine Doktorarbeit widmen sollte, neues Glück gefunden. Was Heines Grabgestalter aber weit mehr erzürnte, ist die Tatsache, daß die lebenslustige Witwe allzu nachlässig mit Heines Nachlaß umgegangen war, weshalb sie wohl Mathilde auf dem Grabstein in schmächtigen Lettern mit der dürren Bezeichnung ›Frau Heine‹ abstraften.

So elend Heine nach einem Vierteljahrhundert französischem Exil in seiner »Matratzengruft« in der Avenue Matignon Nr. 3 dahinsiechte, so wohl hatte er sich doch in Paris gefühlt. »Fragt Sie jemand«, hatte er in einem frühen Brief an einen deutschen Freund formuliert, »wie ich mich hier befinde, so sagen Sie: wie ein Fisch im Wasser. Oder vielmehr sagen Sie den Leuten, daß, wenn im Meer ein Fisch den anderen nach seinem Befinden fragt, so antwortet dieser: ich befinde mich wie Heine in Paris.«

Das hinderte ihn freilich nicht, mindestens fünfzehnmal während seiner Pariser Jahre das Domizil zu wechseln. Selten hielt es ihn länger als zwei Jahre in einer Wohnung. Im so sehr geschätzten Montmartre-Quartier zum Beispiel verließ er das Hinterhaus in der Rue d'Amsterdam, »dieses kleine, sehr lärmige Loch«, weil ihn »ständiges Pianofortegeklimper« nervte.

Die rastlose Wohnungssuche als Folge einer ausgeprägten Geräuschempfindlichkeit teilte später ein anderer deutscher Exilant, Kurt Tucholsky. Gemessen an den heute üblichen Belästigungen der akustischen Art hätten Heine und Tucholsky die französische Hauptstadt wahrscheinlich sehr schnell und fluchtartig wieder verlassen. Ähnliche Kümmernisse deutscher Dichter über Iserlohn sind mir bislang nicht zu Ohren gekommen, aber das nur am Rande.

In derselben 27. Division wie Heine liegen der Maler Greuze und Alphonse Baudin begraben. Baudin war Arzt und vertrat das Département Ain in der Abgeordnetenkammer. Als der ehrgeizige Louis Napoléon im Dezember 1851 putschte, errichteten Arbeiter des traditionell unruhigen Faubourg St. Antoine Barrikaden gegen die von der Bastille heranziehende Armee. Eine Reihe von anwesenden Parlamentariern suchte über Verhandlungen bewaffnete Auseinandersetzungen zu verhindern. Baudin je-

doch stieg auf die Barrikade und rief: »Ihr werdet jetzt sehen, wie ein Abgeordneter für kümmerliche 25 Francs am Tage stirbt!« Woraus sich schließen läßt, daß die Diskussion um die Höhe von Parlamentarierdiäten schon damals Volkes Zorn erregte. Jedenfalls gab in dieser angeheizten Stimmung eine Kugel die andere, und der wackere Doktor Baudin fiel einem Schuß der heranrückenden Soldaten zum Opfer: Der Bildhauer Aimé Millet, der selbst auf Montmartre begraben liegt (22. Division) und dem die Pariser Friedhöfe etliche Skulpturen verdanken, hat den erschossenen Abgeordneten, inklusive klaffender Kopfwunde, vortrefflich dargestellt. Das Grabmal fand allerdings erst nach Napoleons Sturz seinen Platz, und die Überreste Baudins wurden später ins Panthéon verlegt.

Dieses hehre Schicksal wurde auch Émile Zola zuteil, der am 29. September 1902 einem mysteriösen Unglücksfall zum Opfer gefallen war. Zola hatte Paris, wie üblich in den Sommermonaten, verlassen und war in seinen so von ihm bezeichneten Kaninchenbau nach Médan in der Nähe der Hauptstadt ausgewichen. Dort hatte er schon ein Vierteljahrhundert zuvor eine Villa erworben (»Hier bin ich allein, bin gänzlich für mich«), die er dann schrittweise erweiterte, wobei er die Anbauten gerne nach seinen Romanen benannte. Praktischerweise hatte er seine um 28 Jahre jüngere Geliebte und die beiden gemeinsamen Kinder nur wenige Kilometer entfernt in einem Sommerhaus untergebracht.

Als Zola mit seiner Frau Alexandrine Ende September nach Paris in seine Wohnung in der Rue de Bruxelles 21b zurückkehrte, kündigte sich der Herbst an. Ohne Wissen des Mieters hatte der Hauswirt während des Sommers Renovierungsarbeiten in dem Anwesen durchführen lassen, wobei die Handwerker den Schornstein zugemauert hatten. Die Abgase des Ofens strömten also versehentlich in das Schlafzimmer des Dichters, der die erlittene Kohlenoxyd-Vergiftung nicht überlebte. Seine Frau dagegen erwies sich als widerstandsfähiger. Sie konnte nach wenigen Tagen aus der Klinik entlassen werden. Der unglückliche Tod Zolas erregte natürlich erhebliches Aufsehen in Paris, zumal die berühmte Dreyfus-Affäre, in der sich Zola ja sehr engagiert hatte, noch immer hohe Wellen schlug. Hartnäckig hielten sich deshalb Gerüchte, hinter der Schlamperei der Handwerker stehe ein heimtückischer Anschlag politischer Gegner, die mit einem kaschierten Verbrechen Rache an Zola nehmen wollten. Ein böser Verdacht, der nie bewiesen, lange Zeit aber nicht restlos entkräftet werden konnte.

Zolas Grabrede hielt Anatole France, der 1924 auf dem alten Friedhof des Pariser Nobelvororts Neuilly bestattet wurde, ebenso wie später die Schriftsteller André Maurois (1967) und Pierre Drieu la Rochelle (1945).

Zola selbst war stets verläßlich zur Stelle, wenn es galt, Freunde zu Grabe zu tragen. Er hielt die Totenwache bei Guy de Maupassant (siehe Montparnasse) und bei Alphonse Daudet (siehe Père-Lachaise). Sein literarischer Ruf hatte sich trotz Dreyfus-Affäre und trotz seiner anfangs als schockierend empfundenen Romane, deren bildhafte Sprache (»halbkrepierte Boulevardziegen mit nacktem Hintern unterm Seidenkleid«) in der sogenannten feinen Gesellschaft bevorzugt für Salongetuschel herhalten mußte, so schnell gefestigt, daß er wenige Jahre nach seinem Tod auf staatliches Geheiß in den ruhmreichen Totentempel des Pantheon überwechselte.

Seine Frau Alexandrine allerdings verblieb mit den Kindern, die sie nach Zolas Tod adoptiert hatte, auf dem Montmartre-Friedhof. Das Landhaus in Médan vermachte sie der Wohlfahrts-Behörde. Nur mittelmäßig begabten Schülern, die dennoch den Wunsch hegen, es in der Schreibkunst einmal zu hohen Ehren zu bringen, mag es Genugtuung verschaffen, daß der berühmte Émile Zola wiederholt an der schulischen Reifeprüfung scheiterte. Seine Lehrer, von denen heute keine Rede mehr ist, hatten vor allem seine Leistungen im Fach Literatur und im Französischen als zu mangelhaft empfunden.

Zolas Grabstätte liegt deutlich sichtbar am Carrefour,

dem kleinen runden Platz, nur einige Schritte vom Friedhofseingang entfernt. Gleich hinter dem Eingang, auf der rechten Seite, stößt man auf das Gemeinschaftsgrab der vielseitig begabten Familie Guitry. Vater Lucien war zu seiner Zeit ein vielbeschäftigter und angesehener Schauspieler. Während eines Engagements im damaligen St. Petersburg wurde sein Sohn Sacha geboren. Sacha agierte nicht nur selbst als Akteur auf der Bühne und dann auch im Film, er wechselte auch ins Regiefach, in den 30er Jahren. Seine größten Erfolge feierte er aber wohl als Autor überaus populärer Boulevardstücke. Rund 130 an der Zahl waren es schließlich. Ein unermüdlicher Arbeiter, den jedoch die Schatten der Besatzungszeit einholten. Vor allem der enge Kontakt zu Ernst Jünger trug ihm in den Kreisen der Résistance den Ruf ein, mit den Nazis kollaboriert zu haben. Jünger war im Krieg als Offizier zum Stab des Militärbefehlshabers von Paris versetzt worden und hatte in Folge zahlreiche Kontakte auch zu ›unverdächtigen‹ französischen Intellektuellen. Sacha Guitry war zwar, wie auch Jean Cocteau, nicht im gleichen Maße verfemt wie etwa der Schriftsteller Céline oder auch der bereits erwähnte Drieu la Rochelle, aber der Makel des Verdachtes zu freundlicher Beziehungen zur Besatzungsmacht haftete ihm noch lange an, so daß er in der gegen ihn geführten Verhandlung die provozierende Frage wagte: »Bin ich denn schon schuldig, nur weil ich Ernst Jünger kannte?« Sacha Guitry starb 1957 im Alter von 72 Jahren. Seine Stücke zählen längst wieder zum festen Spielplan der Pariser Boulevard-Theater.

Wenn man am Carrefour vorbei immer der Brücke der lärmausspeienden Caulaincourt-Straße folgt, stößt man geradewegs auf die Gedenk-Kapelle, die den Namen Waldeck-Rousseau trägt. Dieser zwei Jahre nach Émile Zola verstorbene Spitzenpolitiker der III. Republik, dem auch ein unserem Zeitgeschmack nicht mehr ganz entsprechendes Denkmal im Tuileriengarten gewidmet ist, erwies sich als überaus reformfreudiger Regierungschef, in dessen Amtszeit eine Fülle von Gesetzen fiel, die die politische Grundstruktur Frankreichs in der Folge entscheidend veränderten. Waldeck-Rousseau war es zum Beispiel, der den Gewerkschaften zur Rechtmäßigkeit verhalf. Kaum hatte sich die vormals mächtige katholische Kirche vom antiklerikalen Schulgesetz des Jules Ferry einigermaßen erholt, das in den 80er Jahren des alten Jahrhunderts in Kraft getreten war, holte der nicht weniger laizistisch eingestellte Waldeck-Rousseau zu einem neuen Schlag gegen den Klerus aus. Das Gesetz, das 1905 schließlich zur Trennung von Kirche und Staat führte, trat zwar erst nach seinen Lebzeiten in Kraft, aber es trug eindeutig seine Handschrift. Schließlich hatte ihm sein Eintreten für eine Begnadigung des jüdischen Hauptmanns Dreyfus (siehe Montparnasse) auch noch die herzliche Feindschaft antisemitischer und strikt militaristischer Kreise eingetragen. Wie sehr gerade die Schulfrage noch heute die Gemüter erhitzt, zeigte ein Junisonntag im Jahre 1984, als etwa eineinhalb Millionen (!) Demonstranten durch die Straßen von Paris zogen, um gegen eine stärkere Einbindung der meist konfessionell geführten Privatschulen in das staatliche Schulsystem aufzubegehren. Aber die Schmähschriften auf den mitgeführten Plakaten richteten sich vor allem gegen den sozialistischen Staatschef Mitterrand, seinen Premierminister Mauroy und den damaligen Erziehungsminister Savary. Die Namen von Ferry und von Waldeck-Rousseau schienen längst vergessen. Auch von der düster wirkenden Grabstätte des früheren Ministerpräsidenten nimmt kaum noch jemand Notiz. Ähnlich ergeht es den Herren Gautier und Murger, die über die Avenue Cordier zu erreichen sind, also, wenn man als fortgeschrittener Friedhofsbesucher bereit sein sollte, Heine einmal links liegen zu lassen und an der Gabelung, an der das auffällige Meilhac-Grabmal (Autor der »schönen Helena«) steht, den rechten Weg einschlägt.

Dem literarisch interessierten Paris-Besucher ist es eine Selbstverständlichkeit, in der Rue de l'Ancienne-Comédie im St. Germain-Viertel das Café Procope in Augenschein zu nehmen, das der Italiener Procopio bereits im 17. Jahrhundert gegründet hatte und das noch immer existiert. Eine lückenlose Kulturgeschichte dieses Etablissements allein würde mühelos einige Kapitel füllen. Voltaire war dort zu Gast und der Revolutionär Danton. Napoleon blieb die Zeche schuldig und mußte, so erzählt die Anekdote, seinen Hut als Pfand hinterlegen, und Zola und Maupassant trafen sich mit anderen zu literarischen Arbeitsessen.

Diese Arbeitsessen haben zumindest in Paris nicht nur

eine alte Tradition – noch heute werden ernsthafte Entscheidungen vorzugsweise bei Tische gefällt. Schließlich ist es seit Jahrzehnten Sitte, den jährlichen Preisträger im Wettbewerb der Akademie Goncourt nach einem Mittagsmahl im Restaurant Drouant bekannt zu geben.

Schräg gegenüber dem »Procope« befand sich früher das Restaurant de l'Agneau (»zum Lamm«) mit kaum weniger berühmter Stammkundschaft. Eine Gedenktafel vermerkt neben Victor Hugo, George Sand und Frédéric Chopin eben auch Théophile Gautier und Henri Murger. Gautier (3. Div.) wandte sich zunächst der Malerei zu, bevor er seine schriftstellerischen Talente entdeckte. Er war einer der engsten Freunde Heines, dessen Werke er zusammen mit Nerval zum Teil übersetzte. Mit Baudelaire (siehe Montparnasse) betrieb er den dann auch literarisch überlieferten ›Club der Haschischraucher‹, der sich in seiner Blütezeit einer prominenten Gästeliste rühmen durfte.

Daß Gautier auch ein Liebhaber gepflegter Tafelfreuden war, übermitteln die stets mit einer spitzen Feder hantierenden Brüder Goncourt in ihren Notizen über die eindrucksvolle Begräbniszeremonie, die Henri Murger bereitet wurde. Gautier fand es bei dieser weihevollen Stunde durchaus nicht unpassend, ausführlich über gerade gemachte Erfahrungen mit diversen Fleischspeisen zu referieren.

Murger (5. Div.) war wie so viele seiner schreibenden Zeitgenossen an den Folgen der Syphilis zugrunde gegangen. Und hat damit vehementen Kritikern allzu freizügiger Lebensgewohnheiten erneut einen warnenden Beleg für die These geliefert, daß vagabundierendes Treiben unumgänglich in den Abgrund führt. Murger, der aus kleinbürgerlichen Verhältnissen stammte, fühlte sich frühzeitig von jenen Kreisen angezogen, die er dann, wenn auch durchweg verschleiernd in Pseudonymen, in seinen »Szenen aus dem Leben der Bohème« verewigte. Selbstredend hat er sich im anschaulichen Bilderbogen dieses Milieus einen Platz reserviert, und zwar in der Rolle des dichtenden Hungerleiders Rodolphe. Eine durchaus realistische Einschätzung seiner Lebensumstände. Immerhin folgte dem nur 39 Jahre alt gewordenen Murger ein stattlicher Leichenzug, dem sich sogar die Kaiserin Eugénie angeschlossen hatte. Vielleicht wäre die »Bohème« Murgers längst vergessen, hätte sich Puccini etliche Jahre später nicht darauf besonnen, die literarische Vorlage für seine dann weltberühmte Oper gleichen Namens zu verwenden.

Puccini findet man nun nicht auch noch auf dem Montmartre-Friedhof, aber mit Adolphe Adam einen anderen Komponisten (ebenfalls 5. Division), und nur wenige Schritte entfernt einen Mann, dessen Erfindung sogar seinen Namen trägt: Es ist ein gewisser Monsieur Antoine Sax, dem das Saxophon zu verdanken ist.

Auf der anderen Seite der Avenue Cordier liegt die 22. Division. Und dort ist auch die letzte Ruhestätte des russischen Tänzers Waclaw Nijinski, eines traumhaften Traumtänzers. Nijinskis frühbegonnene Karriere (bereits als Dreijähriger wurde er von seinen Eltern, die beide vom Fach waren, mit auf Tournee genommen) führte steil nach oben. Aber der Solotänzer der kaiserlichen russischen Balletts in St. Petersburg hatte eine sehr eigene und unkonventionelle Vorstellung von seiner Kunst, die die zaristischen Behörden offenbar überforderte. Nijinski baute nämlich in seinen Vortrag Sequenzen ein, die mit den hergebrachten Moralvorstellungen kaum in Einklang zu bringen waren. Den warnenden Verweis ignorierte Nijinski. Als er es nach Ansicht des höfischen Protokolls schließlich zu toll trieb und entlassen wurde, erhielt er postwendend einen Vertrag bei dem in sittlicher Hinsicht aufgeschloseneren Impresario Sergej Diaghilew. Mit dessen ›Ballets russes‹ feierte er besonders in Paris rauschende Erfolge.

In der Pariser Gesellschaft der ausgehenden Belle Époque tat sich der sensible Nijinski allerdings schwerer, im Gegensatz zu seinem weltgewandten Gönner Diaghilew, der aus seinen homoerotischen Neigungen keinerlei Hehl machte und der den begnadeten Tänzer nicht nur beruflich, sondern auch privat an sich zu binden suchte. Dieses wechselvolle Pas de deux stürzte Nijinski zwar nicht in choreografische, aber zunehmend in seelische Tiefen, zumal immer wieder auch verwirrenderweise Frauen um ihn buhlten.

Diesen Belastungen war Nijinski, kaum 30 Jahre alt, schließlich nicht mehr gewachsen. Er gab das Tanzen auf und fiel in tiefe Depressionen. Die letzten drei Jahrzehnte seines Lebens verbrachte er zumeist in Nervenkliniken und starb 60jährig in der Schweiz. Sein Grab aber fand er in der Stadt seiner größten Triumphe.

Die Darstellung von Verstorbenen in Lebensgröße, meist glorifizierend verschönt, hat, wie in diesem Buch an etlichen Beispielen nachzulesen, auf französischen Friedhöfen eine lange Tradition. Freilich hat diese Sitte in jüngerer Zeit kaum noch Nachahmer gefunden. Eine Ausnahme macht das in Stein gehauene sinnlich geratene Abbild der Sängerin Dalida, umgeben von einem gold glänzenden Strahlenkranz. Als Yolande Christina Gigliotti kam die Tochter eines italienischen Konzertgeigers in Kairo zur Welt. Als 21jährige ließ sich die auffällige rothaarige Sekretärin mit dem aparten Silberblick zur Teilnahme an einem Schönheitswettbewerb überreden und wurde prompt zur »Miß Ägypten« gekürt. Nur ein Jahr später gelang ihr der nächste Karrieresprung. In der berühmten Pariser Music-Hall Olympia gewann sie einen Nachwuchstest, die Schallplattenproduzenten wurden auf sie aufmerksam und in den folgenden Jahren plazierte sie sich in aller Welt mit auch in Deutschland sehr populären Titeln in den Hitparaden, »Ciao, ciao, Bambina« oder »Am Tag, als der Regen kam«. Dem beispiellosen beruflichen Aufstieg mit insgesamt über 70 Millionen (!) verkauften Platten folgte jedoch ein tragisches persönliches Geschick. Ihr Entdecker und Ehemann Lucien Morisse stürzte sich nach der Scheidung von ihr, bankrott auf Grund immenser Spielschulden, aus dem 18. Stockwerk eines Hochhauses in den Tod. Ihre zweite große Liebe, ein erfolgloser Komponist, erschoß sich im gemeinsamen Badezimmer und ein berüchtigter Hochstapler, der in einschlägigen Kreisen als »Graf von St. Germain« firmierte, und dem sie acht Jahre lang gefolgt war, vergiftete sich mit den Auspuffgasen seines Sportwagens standesgemäß in St. Tropez. Aber Dalida schaffte mit Hilfe vor allem ihres verläßlichen Freundes Alain Delon beruflich wieder den Anschluß in die gereifte Phase einer immer noch überaus populären Chansongröße. »Paroles, paroles« hauchte sie mit Delon einen weiteren Erfolg in die Schallplattenrillen. »Er war gerade 18 Jahre«, bekannte sie sich – auch auf deutsch wiederum – zu einer Affäre mit einem inzwischen viel jüngeren Liebhaber. Ihr privater Schmerz und ihre glaubhaft sympathische Ausstrahlung machten sie beim breiten Publikum, wenn auch nicht bei der gestrengen Kritik, die sie nie an die Seite einer Juliette Gréco oder gar einer Piaf stellen wollte, zu einer der populärsten Sängerinnen der Nachkriegszeit. Die Amtsübernahme Mitterrands erlebte sie als eine seiner glühendsten Verehrerinnen in der vordersten Front des Scheinwerferlichts. Aber als wieder einmal eine ihrer zahllosen unglücklichen Affären scheiterte, diesmal mit ihrem Hausarzt, nachdem sie längst schon darüber hinwegkommen mußte, daß ihr sehnlicher Wunsch nach einem Kind nicht in Erfüllung gehen konnte, da verließ sie jeglicher Lebensmut. An einem Tag im Mai 1987 nahm sie sich in ihrer Wohnung am Montmartre mit einer Überdosis Schlaftabletten das Leben. Ein Abschiedsbrief enthielt nur den einzigen Satz. »Das Leben ist mir unerträglich geworden – vergebt mir!«. (18. Div.)

Das am häufigsten besuchte Komponistengrab auf dem Montmartre-Friedhof ist wohl die Gedenkstätte für Hector Berlioz. Der lange Zeit umstrittene, dann aber gefeierte Mitbegründer der sogenannten Programmusik erhielt eine standesgemäße Totenfeier in der Trinité-Kirche. Das musikalische Rahmenprogramm war mit Bedacht ausgewählt und ließ nichts zu wünschen übrig. Mozart, Gluck, Cherubini und eigene Werke von Berlioz, darunter, ganz stilvoll, sein Trauermarsch.

72

Berlioz war an den Folgen eines Sturzes gestorben, den er sich einige Monate zuvor in den Felsen von Monaco zugezogen und von dem er sich nicht mehr erholt hatte. Er liebte diese Spaziergänge in der Natur, bei denen er sich Ideen für seine sinfonischen Dichtungen holte.

»Meine liebste Promenade«, schrieb er sechs Jahre vor seinem Tod, »führt mich auf den ganz in der Nähe meiner Behausung liegenden Friedhof von Montmartre. Vor allem, wenn es regnet, wenn der Himmel Sturzbäche weint. Ich gehe oft dorthin, ich habe da viele Beziehungen.« Damit meinte er allerdings nicht nur einige bereits verstorbene Freunde, sondern auch eine im blühenden Alter von nur 26 Jahren verschiedene Mätresse.

Berlioz hat nicht nur seine Geliebte, sondern auch seine beiden Ehefrauen überlebt. Der ersten der beiden, der Schauspielerin Harriett Smithson, hatte er übrigens in der britischen Botschaft das Ja-Wort gegeben, einem Gebäude ganz in der Nähe des Elysée-Palastes, in dem ein halbes Jahrhundert später der Schriftsteller William Somerset Maugham zur Welt kam. Natürlich noch nicht als Schriftsteller. Eine Botschaft als Geburtsort – das verrät den feinen britischen Sinn für extravagante Lebensart. Irrtümlicherweise und voreilig könnte man daraus auch auf eine Ausschweifung britischen Nationalstolzes schließen, zumal Mrs. Maugham nicht eben zufällig dort niederkam.

Vielmehr wollte sie in kluger Voraussicht umgehen, daß ihr Kind, wenn es denn, wie geschehen, ein Junge werden sollte, in die französische Armee eingezogen würde. Nach der schmachvollen Niederlage gegen Deutschland war in Frankreich nämlich ein Gesetz erlassen worden, nach dem alle auf französischem Boden geborenen Kinder damit auch französische Staatsbürger und im geeigneten Alter wehrpflichtig sind. Die höchst diplomatische Niederkunft in der diplomatischen Vertretung ihres Landes verschaffte damit dem jungen Maugham das seltene Faktum, auf britischem Boden in Paris geboren zu sein. Was ihn nicht daran hinderte, in hochbetagtem Alter wenigstens auf richtigem französischen Boden, nämlich in St. Jean Cap Ferrat zu sterben.

Zumindest nach französischem Verständnis bedarf es eines gewissen Wagemuts, nahtlos von den Finessen der britischen Lebensart zu den Feinheiten der hohen Kochkunst überzuleiten. Schließlich verweist man nicht zu unrecht darauf, daß sehr wohl französische Küchenchefs an den britischen Königshof gerufen wurden, während die recht schnell abgezählten Glanzlichter aus den Töpfen des Inselreichs sich nie auf den meist umfangreichen Speiselisten in Paris durchsetzen konnten.

Nun trug ausgerechnet der vielleicht einfallsreichste Koch, den die französische Nation je hervorgebracht hat, den absonderlichen Namen Carême, was nichts anderes bedeutet als Fasten. Fade Magerkost war es jedenfalls nicht, die den Gast erwartete, der an der von Carême angerichteten Tafel Platz nahm. Das außergewöhnliche Talent des jungen Mannes, der sich aus ärmlichsten Verhältnissen hochgearbeitet hatte und der der Nachwelt schließlich neben unsterblichen Rezepten der ›Grande Cuisine‹, der großen französischen Küche, auch fundierte nahrungswissenschaftliche Abhandlungen hinterließ, wie man sie sonst wohl nur noch von Brillat-Savarin kennt (siehe Père-Lachaise), hatte als erster der für erfolgversprechende Karrieren mit einem feinen Spürsinn ausgestattete Talleyrand entdeckt. Carême avancierte zum Chefkoch des Außenministers, und es galt im frühen 19. Jahrhundert als ein unvergleichliches Privileg, zu einer der Speisefolgen im Hause Talleyrand gebeten zu werden. Vor allem die legendären Nachspeisen riefen stets helles Entzücken hervor, bei deren Zubereitung Carême seiner stillen Liebe zur Architektur freien Lauf ließ und wahre Kunstwerke auf den Tisch zauberte.

Als der listenreiche Talleyrand seinen Carême dem Wiener Kongreß offerierte, geschah dies sicher nicht nur aus gastronomischer Renommiersucht. Das eine oder andere Zugeständnis mag letzten Endes vielleicht nicht nur den diplomatischen Fertigkeiten Talleyrands, als vielmehr auf indirektem Wege der kulinarischen Kunst Carêmes zu verdanken sein. Jedenfalls ist nicht auszuschließen, daß auch in Wien schicksalsschwere Entscheidungen bei oder nach Tische fielen.

Carême galt jedenfalls fortan als eine Art Wanderpokal. Er wurde an den zaristischen Hof gerufen und später vom britischen Königshaus verpflichtet. Seinen letzten Arbeitgeber fand er nach der ersehnten Rückkehr nach Frankreich bei der Familie Rothschild, ehe er, fast schon mehr Literat als Koch, im Alter von nur 50 Jahren starb. Sein Grab findet sich ganz in der Nähe von Berlioz. (20. Division)

So sehr die Franzosen die vollendete Beherrschung der Kochkunst (bis heute übrigens) als ureigene Domäne erachten, so verläßlich hatten sie die Ausübung eines ganzen Berufsstandes Einwanderern aus dem Nachbarland im Osten übertragen. Es mag vielleicht an der schon damals vorhandenen Wertschätzung solider deutscher Handwerkskunst gelegen haben, daß die epochale Erfindung, eines Franzosen immerhin, eines Arztes zudem, des Dr. Joseph Guillotin, (siehe Père-Lachaise) in seiner Fortentwicklung und dann auch seiner Nutzanwendung den Deutschen überlassen wurde. So blieb die halszerreißende Fertigkeit, den Kopf mit Hilfe des Fallbeils vom Rumpf zu trennen, über drei Generationen hinweg der keinerlei Konjunkturschwankungen unterworfene sichere Broterwerb der aus Deutschland eingewanderten Familie Samson. Eine leider schon früh vollzogene Korrektur der von Madame de Staël ausgesprochenen Schmeichelei, nach der die Deutschen das Volk der Dichter und Denker seien. Schon zu Zeiten der im Detail gar nicht so ruhmreichen Revolution stellten sie den Stammbaum der Henker. Die Richter waren freilich bei den Franzosen selbst zu finden.

Daß sich auch bei einer alteingesessenen Dynastie in der Folge Nachlässigkeiten einschleichen können, stellte der Samsonenkel Henri Clément unter Beweis. Während seinem Großvater noch die historische Aufgabe zufiel, den geschmähten König selbst zu enthaupten, und sein Sohn zwar zunächst mit dessen Gattin Marie-Antoinette vorliebnehmen mußte, in abwechslungsreicher und rascher Folge sich dann aber auch die Herren Danton und Robespierre vorzunehmen hatte, nahm der unseriöse Enkel seine Dienstpflicht schließlich nur noch halbherzig wahr. Als dem auf großem Fuß lebenden Samsonenkel die angehäuften Schulden schließlich über den Kopf wuchsen, den er im Gegensatz zu den ihm anvertrauten Klienten stets ganz oben trug, fiel ihm nichts Besseres ein, als sein wichtigstes Handwerksgerät kurzerhand zu verpfänden. Was natürlich zu einer überaus peinlichen Situation führte, da sich die französische Justiz mangels Reformeifer auf keine andere Alternative besinnen konnte und die bereits fest terminierte Hinrichtung kurzfristig verschieben mußte. Schließlich wurde das Fallbeil wieder ausgelöst und der unzuverlässige Herr Samson abgelöst. Den Kopf hat ihn das Dienstvergehen nicht gekostet. Im Gegenteil: Er rächte sich an seinem staatlichen Arbeitgeber mit einem ungeahnt langen Lebensabend, was der Pensionskasse eine 42 Jahre lange Rentenzahlung eintrug.

Die vormals sehr verläßliche Arbeit der Familie Samson bewog den Staat immerhin, auch künftig das Henkeramt in derbe deutsche Hände zu legen. Darauf verweist jedenfalls die Chronik, die in Folge die Namen Heidenreich, Deibler und Obrecht notiert. Ähnlich hartnäckig-konstanter Einfluß aus deutschen Landen ist bestenfalls noch in der Kulturgeschichte des Champagners zu finden. Aber dieser erfreuliche Aspekt ist in den französischen Annalen leider ebenso in Vergessenheit geraten wie glücklicherweise das unselige Wirken der Familie Samson und ihrer Nachfolger.

In diesem Zusammenhang soll darauf hingewiesen werden, daß des Lebens Dernier Cri zuweilen ungehört verhallt. Beileibe nicht alle Gräber, erst recht nicht die vermuteten und nicht nachprüfbaren, konnten berücksichtigt werden. Wiewohl es auf den ersten Blick sehr willkürlich erscheint und von sehr republikanischem

Denken motiviert, daß das monarchistische Frankreich außen vor bleibt. Der Grund: Auswahl, strenge und durchaus subjektive Auswahl mußte getroffen werden. Deshalb beschränkt sich dieses vorliegende Lauf- und Lesebuch auf Friedhöfe in der französischen Hauptstadt und berücksichtigt zum Beispiel nicht Kirchen.

Immerhin soll aus gegebenem Anlaß an dieser Stelle wenigstens in Stichworten auf den Verbleib der königlichen Familie eingegangen werden. Sowohl der unglückliche König Ludwig XVI. als auch seine Gemahlin Marie-Antoinette, insgesamt 1343 Personen, unter ihnen auch die Marat-Mörderin Charlotte Corday, wurden in ein Massengrab geworfen. Es befand sich an einem nicht einmal tausend Quadratmeter großen Gelände an der heutigen Rue d'Anjou. Ganz in der Nähe also vom Platz der Revolution, der jetzigen Place de la Concorde. Im März 1794 wurde die überfüllte Totenstadt geschlossen. Ludwig XVIII. ließ gut zwei Jahrzehnte später an dieser Stelle die Sühnekapelle errichten. Eher willkürlich wurden die Überreste zweier nicht mehr identifizierbarer Leichen nach St. Denis geschafft. Historiker halten es aber für wahrscheinlich, daß die Gebeine von Ludwig XVI. und von Marie-Antoinette noch heute an der ursprünglichen Stelle ruhen. In der am Rande der Stadt gelegenen Basilika von St. Denis, in der während den Revolutionswirren plündernde Horden ihr Unwesen trieben, mag heute noch oder wieder ein Teil der Gebeine derer wenigstens symbolisch untergekommen sein, die zu Lebzeiten französische Geschichte geschrieben haben. Aber verläßlich läßt sich das nicht belegen.

Ein weit weniger dramatisches Ende als die königliche Familie fand die Dichterin Marceline Desbordes-Valmore, deren anhaltend bescheidener Lebenswandel sie freilich auch nicht als Ausbeuterin des arbeitenden Volkes auswies. Ihr Vater war ein unter dem alten Regime hochgeschätzter Wappenmaler für Anspruchsvolle. Die nicht sehr kunstbeflissenen Machthaber der revolutionären Ära hatten jedoch für derlei Talente weder viel Sinn noch gar Auftragsarbeiten zu vergeben. Die Wappenmalerei wurde zum Hungerleiderberuf; das handfestere, wenn auch weniger künstlerische Gewerbe der Familie Samson war da wesentlich krisenfester. Da die emanzipatorischen Bestrebungen der Revolutionszeit nicht so weit hinreichten, nun auch noch Frauen in diesem Gewerbe anzulernen, suchte sich die junge Marceline mit der Aufführung selbstverfaßter Theaterstücke über Wasser zu halten. Die hatten jedoch auch dann keinen größeren Erfolg, als sie selbst auf der Bühne mitwirkte. Erst als sie in reiferem Alter die fortgesetzt tristen Lebenserfahrungen in Versform kleidete und damit sogar die Herren Hugo und Balzac auf sich aufmerksam machte, schaffte sie den Durchbruch, ohne daß sich dies in zählbarer Münze ausdrückte.

Daß sich ihr Schaffen später sehr stark auf Paul Verlaine (siehe Cimetière des Batignolles) auswirkte und Stefan Zweig so sehr faszinierte, daß er ihr eine biografische Studie widmete, ist auf ihrem Grabstein natürlich nicht vermerkt. Wie überhaupt der Ruhm des Künstlers oft erst zum Brot der späten Jahre wird. Der Grabstein ist dann meist gemeißelt. So hat die ewig Darbende (»die Enterbte des Glücks«, wie Zweig formuliert hat) all die Seufzer mit ins Grab genommen, die oft nicht mehr ersehnten als bescheidenen Wohlstand.

Bei den vom Friedhofswanderer nachvollzogenen Schritten zurück ins Leben fällt auf, mit welcher häufig erzwungenen Unrast die Großen der Kulturgeschichte auf Wohnungssuche waren. Sei es der Lärm, wie bei Heine, seien es die ausufernden Schulden, wie bei Balzac und Baudelaire und vielen anderen – das Wohnproblem zeigte schon im vergangenen Jahrhundert eine beklemmende Aktualität. Als man Marceline Desbordes-Valmore einmal nach ihrem innigsten Wunsch fragte, meinte sie bescheiden: »Einmal im zweiten oder dritten Stockwerk eines Hauses wohnen.« Zu Heine beispielsweise mußten die Besucher 105 Stufen hinaufsteigen, und der Bohème-chronist Murger beschied einen besser betuchten Fragesteller, warum er sich denn, um Himmels willen, in der fünften Etage eingenistet habe, mit der dürren Antwort: »Weil es keine sechste gibt.«

So wie Puccini Murgers »Bohème«-Vorlage zu seiner berühmten Oper nutzte, so fand Verdi in der »Kameliendame« Alexandre Dumas' den Stoff für »La Traviata«. Die Bühnenfassung der »Kameliendame« wurde zum vielleicht größten französischen Theatererfolg im 19. Jahrhundert. Dumas' Sohn, der ein zunächst gespanntes und erst später verständnisvolleres Verhältnis zu seinem Vater hatte, erhielt nach seinem Tod 1895 eines der auffälligsten Begräbnisse, die der Montmartre-Friedhof wohl jemals gesehen hat. Was Rang und Namen hatte in der französischen Hauptstadt, folgte dem langen Trauerzug.

Das dem Zeitgeschmack der Jahrhundertwende entsprechende, bombastisch angelegte Grabmahl läßt Dumas' Marmorstatue unter einem von schweren Säulen getragenen wuchtigen Dach ruhen. Alexandre Dumas, der Jüngere, korrigiert als eine der eher seltenen Ausnahmen die These, wonach sich die Söhne berühmter Väter schwertun, ihren Vätern auf dem Wege zum Erfolg nachzueifern. Der ältere Dumas war zwar bereits zu Lebzeiten durch seine vielgelesenen Romane (»Die Drei Musketiere«, »Der Graf von Monte Christo«, »Der Mann mit der eisernen Maske«, »Das Halsband der Königin« u. a.) ein überaus angesehener Mann, aber sein konsequent exzentrischer Lebensstil und eine Vielzahl von Affären, die im fortgeschrittenen Alter eher noch zunahmen, ließen ihn mehr und mehr zu einem Außenseiter der Pariser Gesellschaft werden. Außerdem gab er das viele Geld, das er verdiente, mit vollen Händen auch wieder aus. Verarmt und mit einer im Sterben wachsenden Furcht, sein Werk werde ihn nicht allzulange überleben, verschied er in einem kleinen Dorf in der Normandie und wurde in der Ortschaft Neuville-lès-Tollet beigesetzt. Sein Sohn ließ die Gebeine dann nach Villers-Cotterêts in der Picardie überführen, dem Geburtsort seines Vaters.

Dumas junior ging mit seinem Ruhm und den damit verbundenen Einkünften geschickter um. Er hatte sich

neben einer Villa in der Stadt einen Landsitz am linken Seineufer in der Nähe von Paris zugelegt – im gleichen Ort, in dem der Vater Jahre zuvor sein Schloß Montechristo errichtet hatte. Der Vater freilich hatte sich wieder einmal hoffnungslos übernommen und mußte es nur zwei Jahre nach seiner Einweihung zwangsversteigern lassen. Zu einem Spottpreis übrigens, der nicht einmal ein Zehntel der Baukosten abdeckte. Gleiches Mißgeschick blieb dem Sohn erspart, der in seinem Landhaus in Marly-le-Roi schließlich im Alter von 71 starb. Wenige Monate zuvor noch hatte er die um Jahrzehnte jüngere Henriette Regnier geheiratet, die Tochter eines Freundes. Drei Monate nur nach dem Tod seiner ersten Frau Nadine, einer russischen Fürstenwitwe.

Dumas' Sohn – wenigstens darin ähnelte er seinem Vater – fühlte sich stets zu deutlich jüngeren Frauen hingezogen. So hatte es ihm auch die nur halb so alte Alphonsine Plessis angetan. Eine Zuneigung, die er allerdings mit etlichen Konkurrenten teilen mußte. Als Unschuld vom Lande war sie aus dem Provinznest Nonant in die Hauptstadt gezogen. Eine Charakterisierung, der sie nicht sehr lange gerecht wurde. Das blutjunge und mit einem Höchstmaß an natürlichen Reizen ausgestattete Mädchen nutzte seine Talente alsbald zu einträglichen und einschlägigen Geschäften. Ihr sogenannter Salon geriet zum – wenn auch bei den Damen der höheren Gesellschaft in zweifelhaftem Ruf stehendem – Mittelpunkt angeregter Lustbarkeit, wobei sich stadtbekannte Prominenz die Türklinke in die Hand gab. Alfred de Musset (siehe Père-Lachaise) ließ sich dort ebenso gern sehen wie Franz Liszt, der bei seiner neuen Errungenschaft erfolgreich Trost suchte nach seiner Trennung von der langjährigen Geliebten, der Gräfin d'Agoult (siehe Père-Lachaise). Wie gesagt: Auch der jüngere Dumas hatte vorübergehend eingehende Beziehungen zu Marie Duplessis geknüpft, wie sie sich jetzt nannte, um mit dem vornehm klingenden »du«-Zusatz vermeintlich adlige Herkunft vorzutäuschen. Als sie Dumas während einer Theateraufführung

Arm in Arm mit dem bereits angegrauten früheren russischen Gesandtengraf Stackelberg erblickte, der sich das Wohlwollen seiner Begleiterin allerdings mit fürstlichen Geschenken erkauft hatte, brach der düpierte Dumas die Beziehung abrupt ab. Nur zwei Jahre später starb die mittlerweile weit über die Stadtgrenzen hinaus bekannte Kurtisane mit nur 23 Jahren an der Schwindsucht. Ehe aber das galante, wenn auch nur kurze Leben der Alphonsine alias Marie (du) Plessis als Episode des Pariser Müßiggangs der Vergessenheit anheimfallen konnte, hatte der rührige Schriftsteller Dumas bereits innerhalb weniger Monate seinen kaum verschlüsselten Roman fertiggestellt, dem einige Jahre später die Bühnenfassung folgte. Verdi, der Gelegenheit fand, eine der ersten Aufführungen mitanzusehen, war von dem Sujet so sehr begeistert, daß er daraus nach nur eineinhalb Monaten seine »Traviata« schuf.

Der Stoff der umjubelten und umschwärmten Lebedame, die so jäh ein tragisches Ende findet, faszinierte auch in den folgenden Jahrzehnten die Kunstschaffenden. Allein mehr als dreißigmal ist Dumas' Romanvorlage verfilmt worden. Eleonora Duse und Sarah Bernhardt gefielen sich bereits auf der Bühne in der Rolle, die anfangs aufgrund ihrer Freizügigkeit heftig in der Diskussion stand. Auf der Leinwand gab später die unvergessene Greta Garbo eine Darstellung, die Filmgeschichte gemacht hat. Was Dichtung und was Wahrheit war, ließ sich freilich längst nicht mehr auseinanderhalten.

Berühmt geworden ist Alphonsine/Marie jedoch nicht unter ihrem eigentlichen Namen als vielmehr unter der Bezeichnung der »Kameliendame«. Tatsächlich hatte Marguérite Gautier, so das von Dumas verliehene Pseudonym, eine auffällige Vorliebe für Kamelien. Sie erstand sie im Blumenladen Ragonot in der Rue de la Paix unweit der Oper. Lange Zeit zu Spekulationen Anlaß gab jedenfalls die wechselnde Präferenz der Blumenliebhaberin für jeweils rote oder weiße Kamelien. Aufmerksame Beobachter zählten verläßlich rotfarbenen Schmuck an nur fünf Tagen im Monat, während in der verbliebenen Zeit Weiß dominierte. Das Ergebnis dieser Recherchen gibt ziemlich zuverlässig Aufschluß über das offenherzige Signal, das die allseits begehrte Dame ihren zahlreichen Verehrern zukommen ließ.

Warum auf dem etwas abseits gelegenen, aber über all die Jahre hinweg sorgsam gepflegten Grab (15. Division) die abweisenden roten Kamelien den Vorzug erhalten haben, bleibt das unergründliche Geheimnis ihrer Verehrer.

Während Dumas also vorzugsweise die Gesellschaft jüngerer Damen suchte, neigte sein Schriftstellerkollege Gustave Flaubert fast durchweg zu reiferen Jahrgängen. Flaubert hatte im normannischen Badeort Trouville als 14jähriger die flüchtige Bekanntschaft einer um 12 Jahre älteren Frau gemacht, die er zeitlebens anbetete, die aber, vorliegenden Quellen zufolge, unerreichbar für ihn blieb.

Dieses dauerhafte, aber unerfüllte Sehnen kompensierte er zum einen mit peniblem Arbeitseifer, was der Nachwelt immerhin ein überragendes, wenn auch quantitativ überschaubares Romanwerk bescherte (allem voran natürlich die »Madame Bovary«), zum anderen etliche Liebschaften, die der Nachwelt gleichgültig sein könnten, wenn eine kleine Minderheit derselben sich nicht der Spurensuche auf Friedhöfen verschrieben hätte.

So stößt der Grabwanderer auf dem Cimetière de Montmartre zwar nicht auf Flaubert – der ist in seiner Heimatstadt Rouen beigesetzt –, aber auf dessen wohl hartnäckigste Geliebte Louise Colet. Die um 13 Jahre ältere Madame Colet hatte Flaubert zwar nicht die literarische Begabung, aber etliches an Lebenserfahrung voraus. Ihr Ehrgeiz und ihre Fertigkeit, ein eher durchschnittliches Talent in eine Vielzahl von Preisen und Stipendien umzusetzen, verdient dagegen alle Anerkennung und übertrifft sogar noch die Fähigkeit, die sie auf Grund ihrer außergewöhnlichen Schönheit anhimmelnde Männerwelt, darunter Alfred de Musset und Alfred de Vigny, gleich reihenweise an der Nase herumzuführen. Ihre fast schon zum Prinzip erhobene Untreue sowie ihr zuweilen furienhaftes Auftreten nervten den sensiblen Flaubert schließlich so sehr, daß er nach mehreren vergeblichen Anläufen die Beziehungen zu der anstrengenden Geliebten abbrach. Immerhin blieb ihm erspart, was dem Journalisten Alphonse Karr widerfuhr. Der hatte der freizügigen Schriftstellerin, die stets unter der panischen und auf Grund ihres Lebenswandels durchaus berechtigten Angst lebte, einmal schwanger zu werden, einmal vorausgesagt: »Alsbald wird sie etwas anderes zur Welt bringen als nur Alexandriner«, worauf die erboste Louise Colet dem leichtfertigen Propheten ein Küchenmesser in den Rücken stieß. Dabei erwies sie sich jedoch ebenso wenig treffsicher wie bei ihren dichterischen Bemühungen. Karr erholte sich wieder von der Blessur und überlebte Madame Colet um eineinhalb Jahrzehnte. Ihr Werk ist entgegen eigener Einschätzung fast völlig in Vergessenheit geraten – allein die vorübergehend enge Beziehung zu Flaubert und anderen läßt ihr Grab (33. Div.) erwähnenswert erscheinen.

Nun ist der Montmartre-Friedhof aber beileibe nicht die letzte Heimstatt allein launenhafter Lebedamen. Neben Alphonsine Plessis und Louise Colet ruht in dieser gleich links vom Eingang gelegenen Region auch Juliette Récamier, der es zu danken ist, daß das Pariser Salonleben des 19. Jahrhunderts nicht nur als unterhaltsames Vorspiel zu den nachfolgenden Freuden des Unterleibs diente, sondern auch und vornehmlich als Begegnungsstätte literarischer und politischer Zirkel. Vor allem antibonapartistische Kreise fanden sich bei Madame Récamier ein, was dem Geheimdienst nicht lange verborgen blieb. Die aufsässige Madame de Staël (»In einem Land, in dem man Frauen den Kopf abschlug, ist es nur natürlich, daß die Frauen nach den Gründen fragen«) war bereits ausgewiesen worden, Jahre später erlitt Madame Récamier das gleiche Schicksal. Die vorübergehend verbannten Frauen wurden übrigens enge Vertraute, und Madame de Staël verdankt Juliette Récamier auch die Bekanntschaft zum zeitweiligen französischen Außenminister Chateaubriand. Nach der Trennung von ihrem verschwendungssüchtigen und fast 30 Jahre älteren Ehemann wird Chateaubriand über Jahrzehnte hinweg bis zu seinem Tod ihr engster Freund.

Friedrich Sieburg schildert das facettenreiche Leben der Madame Récamier in seinem »Chateaubriand« wie folgt: »Sie erobert jeden, den zu erobern sich lohnt. Der Herzog von Wellington und Metternich liegen zu ihren Füßen, Prinz August von Preußen will sie heiraten, selbst Frauen wie Germaine de Staël und die Königin Hortense wenden ihr eine exaltierte Freundschaft zu. Nur Chateaubriand, der ihr leidenschaftlich zugetan ist, ist wie immer in der glücklichen Lage, daß er sie um Haaresbreite weniger liebt als sie ihn.«

Nur neun Monate nach Chateaubriand stirbt Madame Récamier, mittlerweile fast erblindet, mit 72 Jahren in der Wohnung ihrer Nichte in der Rue des Petits-Champs. Nicht aber der gleichfalls in Paris verstorbene langjährige Vertraute ruht neben ihr auf dem Montmartre-Friedhof – Chateaubriand wurde auf der St. Malo vorgelagerten Felseninsel Grand-Bé beigesetzt –, sondern der ihr gleichfalls als Freund verbundene Arzt und Philosoph Ballanche (30. Division). Daß Chateaubriand nicht auf einem der großen Pariser Friedhöfe bestattet wurde, entsprach eigenem Wunsch. Der Trauergottesdienst zu seinen Ehren fand jedoch in der Kapelle des Seminars zur Ausbildung katholischer Missionare in der Rue du Bac statt. Balzac und Dumas, Hugo und Sainte-Beuve hatten sich dort eingefunden. Chateaubriand war in einem der benachbarten Häuser verstorben, und sein Sarg verblieb einige Zeit im Gewölbe der Kapelle, vor der Überführung nach St. Malo.

Kann man sein Sterben vorausahnen? Die Umstände des Todes jedenfalls? Stendhal, neben Flaubert und Balzac der herausragende Romancier des bürgerlichen Frankreichs im 19. Jahrhundert, hatte in einem Brief an einen Freund knapp ein Jahr vor seinem Ableben darüber eingehend nachgedacht. »Auf der Straße zu sterben«, so befand er, »halte ich nicht für lächerlich.« Allerdings mit der Einschränkung: »Wenn man es nicht gerade mit Absicht tut.«

Der längst nicht mehr rüstige Endfünfziger, den bereits in seiner Jugend so lästige Beschwerden wie die Brustwassersucht befallen hatten, hatte gerade einen ersten Schlaganfall überwunden. Vorzeitig verließ er seinen Posten als Konsul im italienischen Civitavecchia und begab sich nach Paris. Dort nahm er am 22. März 1842 an einem Empfang im Außenministerium teil, das sich damals noch am Boulevard des Capucines befand. Auf dem Heimweg traf ihn erneut der Schlag. Er starb allerdings nicht auf der Straße, sondern im Hotelzimmer seines Cousins, wenige Stunden später.

Wenn es sich denn hätte einrichten lassen, wäre Stendhal am liebsten in seiner längjährigen Wahlheimat Italien gestorben. Als Generalkonsul in Mailand hatte er bereits ein Vierteljahrhundert vor seinem Tod die Grabinschrift verfaßt, die auf dem Montmartre-Friedhof noch heute zu lesen ist:

Arrigo Beyle	*Henri Beyle*
Milanese	*Mailänder*
scrisse, amò, visse	*schrieb, liebte, lebte*

Zur weiteren Erläuterung ist vermerkt: quest' anima adorava Cimarosa, Mozart e Shakespeare (diese Seele verehrte Cimarosa, Mozart und Shakespeare). Aber auch der deutsche Altertumsforscher Johann Joachim Winckelmann erfreute sich größter Wertschätzung des Schriftstellers. Wohl weniger wegen seiner unschätzbaren Verdienste um die Wissenschaft der Archäologie, sondern weil Winckelmann wie Stendhal der angestammten Heimat den Rücken gekehrt und im Herzen Italiener geworden war. Jedenfalls legte sich der im französischen Grenoble geborene Henri Beyle als Pseudonym den Namen der Geburtsstadt Winckelmanns zu, wobei dem ›Stendal‹ ein ›h‹ eingefügt wurde.

Sein Begräbnis vollzog sich übrigens in noch intimerem Rahmen als das Heinrich Heines. Angeblich sollen nur drei Personen zugegen gewesen sein. Aparterweise ist das Grab Stendhals nur wenige Schritte von dem der Madame Récamier entfernt gelegen. Stendhal hatte sich zwar auch in die namhafte Besucherriege des Récamierschen Salons eingereiht, war und blieb aber im Gegensatz zu seiner Gastgeberin überzeugter Bonapartist.

Zwei Bronzeprofile schmücken das ansonsten sehr einfach gestaltete Grab der Brüder Edmond und Jules Goncourt in der benachbarten 13. Division. Das Brüderpaar, Söhne eines früheren napoleonischen Offiziers, war schon zu Lebzeiten unzertrennlich. Sie besuchten dieselbe Schule, versagten sich beide dem Stand der Ehe, bezogen das gleiche Domizil und verfaßten auch das »Journal«, eine Chronik des gesellschaftlichen und literarischen Lebens in der französischen Hauptstadt in der zweiten Hälfte des vorigen Jahrhunderts, gemeinsam. Wer auf sich hielt, achtete darauf, hin und wieder wenigstens, wenn nicht gar regelmäßig die Brüder Goncourt zu seinen Gästen zu zählen. So verschaffte man sich die Aussicht, selbst einmal in das Haus Nr. 67 am Boulevard de Montmorency an die Tafel gebeten zu werden. So angesehen die Brüder Goncourt auch waren, beliebt waren sie nicht bei jedermann. »Zuviel Sicherheit im Auftreten«, notierte George Sand einmal, und auf Diskretion oder gar heuchlerische Schönfärberei legten sie schon gar keinen Wert. Vor allem die Wohnungen ihrer Gastgeber nahmen sie gerne und ungeniert unter die Lupe. Maupassants Behausung verglichen sie mit dem »Heim eines karibischen Zuhälters«, bei Victor Hugo entdeckten sie »altertümlichen Wohnungsplunder«, und bei Sainte-Beuve überkam sie – wie bereits im Montparnassekapitel geschildert – der »Eindruck eines von einem Benediktiner bewohnten Zimmers in einem Hotel Garni.«

Aber das traute Zusammenleben des mehr gefürchteten als geliebten Bruderpaars währte nach dem Einzug in die erträumte Villa am Boulevard de Montmorency nur zwei Jahre. Dann starb der um acht Jahre jüngere Jules an den Folgen einer Syphilis. Wenigstens darin unterschied er sich, wenn auch auf tragische Weise, von seinem Bruder, der ihn um 26 Jahre überlebte und den Grundstock für die nach ihm und seinem Bruder benannte Akademie legte, die heute den begehrtesten Literaturpreis des Landes vergibt.

Den Brüdern Goncourt verdankt übrigens der Montmartre-Friedhof auch eine ausführliche literarische Würdigung. In der »Geschichte einer Dienstmagd« heißt es unter anderem: »Alle Kreuze trugen Kränze. Kränze aus Wachsblumen, mit silbernen oder goldenen Fäden durchwunden. Aber sie waren schäbig und verbraucht, wie abgelegt von den besseren Toten und von einer mildtätigen Hand zusammengelesen, um die Kreuze der Armen mit diesem Abfall zu schmücken. Es gab auch Gräber, die sich mit einem in die Erde gesteckten Ast begnügen mußten, an dem ein Briefumschlag befestigt war zum Zeichen, daß auch hier ein Mensch begraben lag.«

Nicht alle Gräber muten heute so trostlos an, und als ich wenige Wochen nach Truffauts Bestattung zwei Arbeiter sah, die bedächtig, wie es sich für Arbeiten auf einem Friedhof gebührt, die letzten verblühten und verwelkten Blumen und Kränze wegschafften, da war ich mir zwar sicher, daß dieses Grab noch etliche Jahre zur Kategorie der von Goncourt so bezeichneten ›besseren Toten‹ zählen werde, aber zu häufig ist mir bei meinen zahlreichen Grabgängen aufgefallen, wie schnell selbst die Gedenkstätten der ›besseren Toten‹ der Vergessenheit anheimfallen. Von diesbezüglichen Beispielen wird an anderer Stelle noch zu reden sein.

Wir können auch nichts daran ändern, hatte mir der Wärter damals gesagt an jenem Junisonntag, an dem so viele Menschen durch die Straßen gezogen waren, um gegen das von der Regierung geplante Schulgesetz zu demonstrieren, und Waldeck-Rousseaus abgelegenes Grab zu Recht den Eindruck erweckte, als habe es damit gar nichts zu tun. Nein, wir können auch nichts daran ändern. Nicht am blindwütigen Vandalismus, der sinnlos umgestürzte Steine und Stelen hinterläßt. Und wenn die

Besuche seltener werden an den Grabstätten, Unkraut sie zu überwuchern beginnt, Steinbüsten verwittern, Eisengeländer rosten, Glasfenster brechen und – natürlich – mancherlei gestohlen wird, dann, bitteschön, nein, dann können wir auch nichts daran ändern.

Im übrigen gibt es Vorschriften, und die sagen beispielsweise, daß es verboten ist, irgendwelche Gegenstände aus dem Friedhof mitzunehmen. Wenn wir einen erwischen, sagt der Wärter, wird er angezeigt. Aber er selbst habe noch keinen erwischt. Wir können hier ja keine Körperkontrollen durchführen. So, als sei es denkbar, daß man Bronzebüsten in der Fototasche verbirgt. Und Bronzebüsten sind eben auch schon mal gestohlen worden.

Daß der Schutz vor Dieben manchmal gefährlicher ist als die Diebe selbst, mußte im 1825 neueröffneten Friedhof ein Aufsichtsbeamter erfahren. Dieser Monsieur de Vaulabelle hatte sich so über die sich häufenden Grabdiebstähle, vor allem in den kleinen Kapellen, erregt, daß er aus eigener Initiative eine Selbstschußanlage konstruierte. Da er ein pflichtbewußter Beamter war, wollte er sein System noch einmal einer letzten Sicherheitsprüfung unterziehen. Die Erfindung funktionierte. Monsieur de Vaulabelle wurde mitten in die Brust getroffen und war auf der Stelle tot.

Nein, die Wärter können wirklich nichts daran ändern. Sehen Sie mal, sagt der Bürger in Uniform, manchmal kommen ja sogar Leute, um Gräber zu pflegen, in denen gar kein Verwandter liegt. Wenn Sie Deutscher sind, dann haben Sie sicher das Grab von Heine gesehen – und er spricht das Heine wieder als »ään« aus –, da kommen manchmal sogar ganze Gruppen, Vereine oder so – und da kommt mir in den Sinn, daß ich einmal gelesen habe, sogar deutsche Gesangsvereine stimmten da manchmal das Lied an, demzufolge man nicht wisse, warum man so traurig sei. Ich habe dergleichen nie beobachten können und will den Wärter auch nicht danach fragen. Er hätte es mir gewiß von sich aus erzählt – Heine also, meint der

Wärter, der sei schon in Ordnung. Damit meint er natürlich das Grab. Schließlich ist er nicht Literaturkritiker, sondern Wärter. Die Deutschen haben es überhaupt mit den Gräbern, fügt er hinzu, als erwarte er von mir eine Bestätigung. Immerhin, denke ich mir, sollte Gräberpflege eine deutsche Eigenart sein, dann ist dies erfreulicher als das trübe Gewerbe der Familie Samson. Aber das sage ich dem Herrn Wärter auch nicht, denn Samson ist für ihn sicher Franzose, so wie die Revolution überhaupt eine französische Angelegenheit ist. Das sagt nun der Wärter nicht, aber als französischer Staatsbürger, man macht so seine Erfahrungen, denkt er sich das bestimmt.

Nach Offenbach habe ich ihn noch gefragt, Jacques Offenbach, den pariserischsten aller Kölner, den Tanzmeister des Zweiten Kaiserreichs, der mit 14 Jahren schon seine deutsche Heimat verließ, in der er wohl nie heimisch geworden wäre. Die Passage de Choiseul, im 2. Arrondissement der Stadt, führte in das kleine Theater ›Bouffes Parisiennes‹, in dem 1858 »Orpheus in der Unterwelt« uraufgeführt wurde. Eine dieser zu Beginn des vorigen Jahrhunderts zu Dutzenden entstandenen überdachten Fußgängerzonen, die in den vergangenen Jahrzehnten nach und nach verfallen, wenn nicht gar verschwunden sind. Die Passage de Choiseul an der Rue des Petits-Champs, der Straße also, in der Madame Récamier starb und der – freilich erfundene – Privatdetektiv Nestor Burma, der Romanheld in Léo Malets erfolgreicher Krimireihe, sein Büro hatte, in der der wegen seiner Sympathie zur deutschen Besatzungsmacht nach dem Krieg verfemte Schriftsteller Céline in kümmerlichen Verhältnissen aufgewachsen war (»eine unglaublich verpestete Gegend«), die heute so gar nichts mehr von der Glanzzeit des Zweiten Kaiserreichs hat – daran muß ich denken auf dem Weg zu Offenbachs Bronzebüste in der entlegenen 9. Division, in die die meisten Touristen kaum hinfinden. Offenbach im Abseits. Pariser Leben.

ferner liegen ...

Laure-Adelaide Abrantès (1784–1838), einflußreiche Intrigantin im Dunstkreis Napoleons. Schriftstellerische Zusammenarbeit mit Balzac (22. Div.).

André Marie Ampère (1775–1836), französischer Mathematiker und Physiker. Namensgeber der Maßbezeichnung für die Stromstärke (30. Div.).

H. G. Clouzot, französischer Regisseur (»Die Teuflischen«) (30. Div.).

Edgar Degas (1834–1917), französischer Maler des Impressionismus. Freund von Manet und Renoir (4. Div.).

Léo Delibes (1836–1891), französischer Komponist (9. Div.).

Georges Feydeau (1862–1921), populärer Autor von häufig gespielten Boulevardstücken (30. Div.).

Léon Foucault (1819–1868), französischer Physiker und Namensgeber des Foucaultschen Pendels und damit des Erfolgsromans von Umberto Eco (7. Div.).

Jean-Honoré Fragonard (1732–1806), französischer Maler (21. Div.).

Ludovic Halévy (1834–1908), schrieb zusammen mit Meilhac die Textbücher zu Offenbachs Operetten und zu Bizets »Carmen« (3. Div.).

Jacques Hittorf (1792–1867), aus Köln stammender Architekt der Gare du Nord (Nordbahnhof) und Ausgestalter der Place de la Concorde (4. Div.).

Louis Jouvet (1887–1951), einer der bekanntesten französischen Schauspieler der Vorkriegszeit. Starb 1951 während einer Aufführung auf der Bühne des Théâtre de l'Athénée an den Folgen einer Herzattacke (14. Div.).

Marie Pierre Koenig (1898–1970), Marschall der französischen Armee und Gegner Rommels in der Schlacht von Bir Hakeim, später Verteidigungsminister (20. Div.).

Joseph Kosma (1905–1969), Komponist berühmter Filme (»Les enfants du paradis«) und Chansons (»Les feuilles mortes«) (20. Div.).

Eugène Labiche (1815–1888), Autor von insgesamt 173

Komödien und Singspielen (u. a. »Der Florentinerhut«, »Das Sparschwein«) (17. Div.).

Victor Massé (1822–1884), französischer Komponist, der eine Büste auf seinem Grab strikt ablehnte, mit der Begründung: »Es wäre mir unerträglich, während der Ewigkeit immer in dieselbe Richtung zu schauen.« (26. Div.).

Ernest Renan (1823–1892), französischer Religionswissenschaftler und Orientalist (22. Div.).

Pauline Viardot-Garcia (1821–1910), jüngste Tochter einer Musikerfamilie (Vater Manuel Garcia). Ihre Schwester war die damals berühmte Sängerin Malibran. Pauline zählte als Sängerin und zugleich Musikwissenschaftlerin zum Freundeskreis der Heine, Chopin, Rossini und Turgenjew (28. Div.).

Alfred de Vigny (1797–1863), französischer Dichter und Schriftsteller (13. Div.).

St. Vincent

Es ist nicht sehr weit zum anderen, zum kleineren Friedhof des Montmartre. Man folgt der Biegung der Rue Caulaincourt ein paar hundert Meter und geht dann, auf der
Höhe der Metrostation Lamarck, rechts ab in die kleine
Sackgasse Rue Lucien-Gaulard. Gemessen an dem lauten
Pigalleviertel auf der anderen Seite des Hügels und dem
gewiß nicht weniger turbulenten Geschehen oben auf der
Place du Tertre liegt hier unten so etwas wie das Hinter-
zimmer des Quartiers.

Da unten, habe ich schon Touristen sagen hören, die
gerade die Sacré-Cœur-Kirche abgehakt hatten, da unten, und sie wiesen dabei geringschätzig mit dem halb-
gedrehten Kopf über die Schulter, da ist nicht mehr viel
los.

Eben. Und deshalb schließen die vielen alleinstehen-
den Damen zwischen der Rue Damrémont und der Rue
Ordener nachmittags ihre meist muffigen Zweizimmer-
wohnungen zu und überlassen sie für ein, zwei Stunden
der Bewachung durch die vielen alten und gar nicht al-
leinstehenden Hunde und treffen sich zu einem Schwatz
auf einer Bank im St. Vincent. Wo auch sonst? Schmucke
Cafés gibt es in dieser Gegend nicht, und selbst wenn es
sie gäbe, dann wären sie kein Treffpunkt für die alten Damen mit den alten Hunden. Frau Hrdlička vom Montparnasse – dort gibt es solche Cafés – ist ja auch auf den
Friedhof gegangen. Zu erzählen gibt es immer etwas. Es
sind – im Vorübergehen schnappt man ein paar Wortfet-
zen auf – mehr Geschichten von den Lebenden als von
den Toten. Aber die Toten bilden die vertraute Kulisse.

Wahrscheinlich haben sich auch die meisten Toten auf
Saint Vincent untereinander gekannt. Es ist ein familiärer

Friedhof. Neben dem von Charonne, im Osten der Stadt, ist es der kleinste, der noch nicht geschlossen ist. Natürlich, da gibt es noch den Cimetière du Calvaire am Beginn der Rue du Mont-Cenis, der ist dann wirklich der allerkleinste. Und der älteste existierende dazu. Auch der diskreteste. Nur an zwei Tagen im Jahr – an Allerheiligen und an Allerseelen – ist er der Öffentlichkeit zugänglich. Bereits im elften Jahrhundert sind auf dem winzigen, 593 Quadratmeter kleinen Areal Tote bestattet worden, nach den noch immer vorliegenden Aufzeichnungen waren es im 17. Jahrhundert rund 50 Menschen pro Jahr, hundert Jahre später schon doppelt so viele. Nach der großen Revolution mußte er ein paar Jahre wegen Überfüllung geschlossen werden, und seit 1823 wird er nur noch von etwa 80 Familien benutzt. Fast durchweg Familien von Rang und Namen, wie z.B. die Montesquiou-Fezensac (siehe unter Huysmans/Montparnasse) oder der Dr. Antoine Prital, Hofarzt bei Ludwig XVIII. und Karl X. sowie Gründer der medizinischen Akademie.

Auf St. Vincent geht's weniger vornehm zu. Es hat sich dort im Lauf der Jahrzehnte so etwas wie der harte Kern des Montmartre-Völkchens eingefunden. Allen voran natürlich Maurice Utrillo, vielleicht der Montmartre-Maler schlechthin. Er hatte seinen alten Zechkumpan Modigliani um 35 Jahre überlebt. Die wildesten Geschichten erzählte man sich von den beiden; wahrscheinlich nicht einmal alle erfunden. Zum Frühstück bereits sollen sie das Hörnchen in Absinth-Schnaps statt in Kaffee getunkt haben, Utrillo, selbst nicht gerade ein Krösus, habe dem Freund einmal mit 20 Francs aus der Klemme geholfen, worauf sich dieser mit einem neuen Paar amerikanischer Schuhe bedankte, die er an Ort und Stelle ließ, um barfuß nach Hause zu marschieren, wenn ihn denn der Weg geradewegs nach Hause geführt hatte.

Monsieur Utrillo, so hat ihn viele Jahre später der Journalist Georg Stefan Troller in einem Interview gefragt, als jener gerade die beiden zuletzt gemalten Bilder der Stadt Paris vermacht hatte, wenige Wochen vor seinem Tod,

Monsieur Utrillo, erinnern Sie sich noch, wie es damals war am Montmartre? Und der Meister, einer der allerletzten noch lebenden, jedenfalls in Paris lebenden, hatte eine lange Pause gemacht, eine Pause, in der so vieles an Erinnerungen im Zeitraffer an ihm vorübergezogen sein mag, um dann zu antworten: »Ja ... Montmartre ... so schön ... die alten Kastanien.«

Da kommt mir die Trauerweide in den Sinn, die Alfred de Musset an seinem Grab auf Père-Lachaise gepflanzt sehen wollte, nach seinem Tod. Es wurde nichts mit einem Kastanienbaum an Utrillos Grab. Ein Engel steht Wache an der Friedhofsmauer, ein zwittriger Engel ohne Flügel. Ein weiblicher Apoll mit griechisch gleitender Nase und fraulich geformter Brust. In der linken Hand eine Palette, die rechte leicht angehoben, mit gespreiztem kleinen Finger, so wie sich Finger gerne spreizen, wenn man die Mokkatasse hält.

Maurice Utrillo 1955
Lucie Utrillo 1965

Gleich hinter der parallel zur Straße steil ansteigenden Mauer liegt das Kabarett ›Au Lapin Agile‹ (Zum flinken Hasen), das seinen Namen einem Plakatmaler verdankt, der durchaus Sinn für Eigenwerbung hatte. Nämlicher André Gill nämlich dachte sich einen aus der bratfertigen Pfanne springenden Hasen aus, der beschwingt eine Flasche schwenkt, und so lag es nahe, dem Hasen, – wobei »lapin« in der Umgangssprache auch ›Schlauberger‹ bedeuten kann – den Zusatz »agile« beizugeben, abgeleitet eben von A. Gill. Zuvor nannte sich das seit 1860 existierende Etablissement ›Treffpunkt der Diebe‹ und dann in Anlehnung an einen schaurigen Mordfall ›Herberge der Mörder‹. Als ›Lapin Agile‹ firmiert es heute noch, und es ist ein durchaus empfehlenswertes Vergnügen, sich dort spätabends einmal auf den unbequemen Holzbänken niederzulassen, weil es das letzte der großen alten Kabaretts ist, in dem auch heute noch die Kunst der Moritat gepflegt wird. Ich erwähne es in diesem Zusammenhang nur, weil (natürlich) auch Utrillo manche Nacht dort verbracht hat.

Wenn schon kein Kastanienbaum, dann wenigstens eine Stammkneipe im ewig ruhenden Kreuz.

Es fällt nicht leicht, sich in diesem an Anekdoten und Episoden so reichen Umfeld auf die Gräber allein zu konzentrieren, den einzig in Paris noch abgeernteten Weinberg zum Beispiel nicht zu erwähnen, dessen Erträge zwar alljährlich nur etwa 500 Flaschen füllen, mit einem Tropfen zudem, der Kennern zufolge keiner Auszeichnung wert ist, der im übrigen zum großen Teil als Ehrengabe der Stadt Paris bei offiziellen Besuchen, zu Recht als Kuriosum, überreicht und darüber hinaus zu sündhaften und gemessen an seinen Öchslegraden überhöhten Preisen einmal im Jahr versteigert wird. Dabei brachte der Rebenbau zu früheren königlichen Zeiten in Paris einmal die goutte d'or, den Goldtropfen, in die Kelter, einen Wein, den sich selbst der Hof munden ließ. Was freilich noch nicht auf den Sachverstand der königlichen Mundschenke schließen läßt. Noch heute heißt das Viertel östlich des Montmartre ›goutte d'or‹. Eine Gegend allerdings, in der vornehmlich Nordafrikaner muslimischen Glaubens heimisch sind. In der also der Genuß von Wein eher verpönt ist. Ich sage es ja: das Umfeld des Friedhofs verführt dazu, abzuschweifen. Es sei also vermerkt, daß neben Utrillo noch etliche andere auf St. Vincent bestattet sind, deren Grab nirgendwo anders vorstellbar ist als eben auf dem Montmartre. Der Graphiker und Karikaturist Steinlen beispielsweise (gest. 1923) oder die Maler Eugène Boudin und Carrier-Belleuse. Der Schauspieler Harry Baur ist zu nennen, der den Jean Valjean in Victor Hugos »Elenden«, Anfang der 30er Jahre, eindrucksvoller dargestellt hat als jeder seiner Nachfolger und der dann, nachdem er sich während des Krieges in der Besatzungszeit im Widerstand engagiert hatte, 1943 den Tod fand.

Auf St. Vincent ruht der Komponist Arthur Honegger (gest. 1955) und der Romancier und Dichter Marcel Aymé (1902–1967).

Schließlich und natürlich Roland Dorgelès, der Autor

Das letzte Kapitel. Das Buch ist zugeschlagen. Er hatte sein
Studium gerade begonnen, als er an die Front gerufen wurde.
Mit 19 Jahren ist er im Krieg gegen die Deutschen gefallen.

des Romans »Die hölzernen Kreuze«, in dem er die Erlebnisse des einfachen Soldaten an der Front des Ersten
Weltkrieges schildert. Dorgelès wurde später Präsident
der Académie Goncourt, und in der den Friedhof begren-
zenden Rue des Saules ist die Inschrift angebracht, auf der
zu lesen ist: »Ich hasse den Krieg, aber ich liebe die, die in
den Krieg gezogen sind.«

Père-Lachaise

Natürlichwarnwirauchaufmpeerlaschäse. Klar. Wenn schon Friedhof, dann Père-Lachaise.

Diashamwirauchgemacht. Das Grab von der Piaf ist ja ein bißchen mickrig. Und der Balzac hat halt nur so einen Kopf auf der Säule. Und der Molière soll da ja gar nicht liegen, sondern in den Katadingens, wie die heißen, wo die ganzen alten Knochen sind. Aber sonst ist es ganz nett. Ziemlich viel grün. Fast wie ein Park.

Der Cimetière du Père-Lachaise ist mit rund 43 Hektar der größte der innerstädtischen Friedhöfe. Etwa viermal so groß wie der Cimetière du Montmartre, zweieinhalb mal so groß wie der Cimetière du Montparnasse. Aber kleiner doch, wesentlich kleiner, als die Friedhöfe extra muros. In Pantin, Thiais oder Bagneux. Eine Metrostation trägt seinen Namen.

Offiziell heißt er Cimetière de l'Est. Ostfriedhof. Schließlich gibt es auch einen Südfriedhof und einen Nordfriedhof. Also auch einen Ostfriedhof. Nur einen Westfriedhof gibt es nicht. Aber jeder kennt ihn natürlich nur unter seinem Namen Père-Lachaise. Dieser Père Lachaise war Jesuitenpater und im Hauptberuf Beichtvater am Hofe des Sonnenkönigs Ludwig XIV. Aparterweise erhielt der 1804 eröffnete Friedhof den Namen des Paters, obwohl die Jesuiten damals eher verpönt waren. Aber der längst verstorbene Pater de la Chaise hatte sich diesen am Rand der Stadt gelegenen Hügel als letzte Ruhestätte für seine Ordensbrüder ausgesucht und just an der Stelle auch ein Sommerhaus eingerichtet. Das lag weit zurück – der Pater (1624–1709) war schon fast hundert Jahre unter der Erde. Aber die Zeit drängte. Die vielen kleinen Friedhöfe im Umfeld der Kirchen waren aufgelassen,

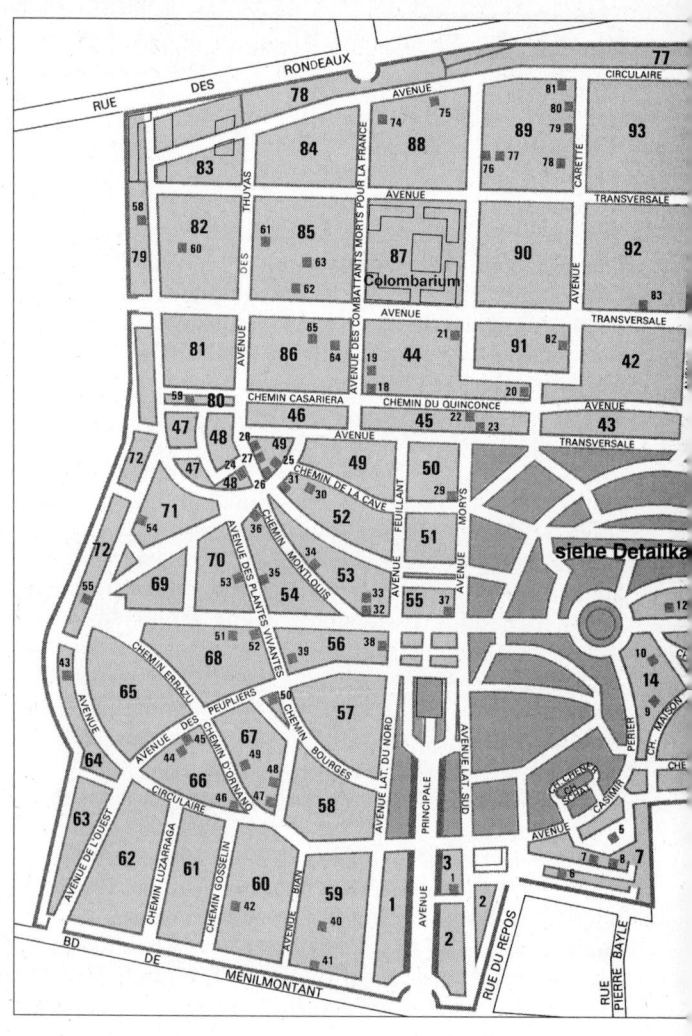

Nach: Jacques Barozzi:
Guide des cimetières parisiens. Paris: Hervas, 1990.

FRIEDHOF PÈRE-LACHAISE

3ème DIVISION
1 - J. ROMAINS

5ème DIVISION
2 - F. POULENC

6ème DIVISION
3 - F. de LESSEPS
4 - "Jim" MORRISON

7ème DIVISION
5 - HÉLOÏSE ET ABÉLARD
6 - RACHEL
7 - PISSARO
8 - J. BENDA

14ème DIVISION
9 - Ph. HÉRIAT
10 - TALLIEN

16ème DIVISION
11 - Ch. BÉRARD

17ème DIVISION
12 - A. COMTE

32ème DIVISION
13 - F. BRAUDEL

34ème DIVISION
14 - É. DUPLAY

35ème DIVISION
15 - SCRIBE

36ème DIVISION
16 - NADAR

40ème DIVISION
17 - A. TROUSSEAU

44ème DIVISION
18 - A. KARDEC
19 - S. PRUDHOMME
20 - S. BERNHARDT
21 - S. SIGNORET

45ème DIVISION
22 - F. BOSIO
23 - J. BAUDELOCQUE

48ème DIVISION
24 - H. de BALZAC

49ème DIVISION
25 - E. DELACROIX
26 - C. DELAVIGNE
27 - G. de NERVAL
28 - C. NODIER

50ème DIVISION
29 - V. SCHŒLCHER

52ème DIVISION
30 - MERLEAU-PONTY
31 - J. MICHELET

53ème DIVISION
32 - CINO DEL DUCA
33 - P. CARTELLIER
34 - F. BARBEDIENNE

54ème DIVISION
35 - M. d'AGOULT
36 - DUC DE MORNY

55ème DIVISION
37 - A. THIERS

56ème DIVISION
38 - DAVID
39 - R. RADIGUET

59ème DIVISION
40 - P. BRASSEUR
41 - DEBURAU

60ème DIVISION
42 - V. HAÜY

64ème DIVISION
43 - MÉLIÈS

66ème DIVISION
44 - J. VALLÈS
45 - SEURAT
46 - ALPHAND

67ème DIVISION
47 - M. WALEWSKA
48 - CHAUSSON
49 - LALO
50 - L. BLANC

68ème DIVISION
51 - G. BIZET
52 - ENESCO

70ème DIVISION
53 - CAILLEBOTTE

71ème DIVISION
54 - M. TOURNEUR

72ème DIVISION
55 - DALADIER

75ème DIVISION
56 - M. OUSSEKINE

76ème DIVISION
57 - J.B. CLÉMENT

79ème DIVISION
58 - VILLIERS DE
     L'ISLE ADAM

80ème DIVISION
59 - J. BERRY

82ème DIVISION
60 - F. BIENVENÜE

85ème DIVISION
61 - R. HAHN
62 - M. PROUST
63 - S. HEDAYAT

86ème DIVISION
64 - G. APOLLINAIRE
65 - H. de RÉGNIER

87ème DIVISION
66 - P. DAC 4462
67 - P. DUKAS 4938
68 - I. DUNCAN 6796
69 - M. ERNST 2102
70 - FRAGSON 5923
71 - L. FULLER 5382
72 - J. GUESDE 6323
73 - M. OPHULS 6219

88ème DIVISION
74 - L. JOUHAUX
75 - M. LAURENCIN

89ème DIVISION
76 - A. BERTILLON
77 - G. COURTELINE
78 - J. MOREAS
79 - O. WILDE
80 - É. COLONNE
81 - R. ROUSSEL

91ème DIVISION
82 - A. BLANQUI

92ème DIVISION
83 - V. NOIR

94ème DIVISION
84 - GRAMME
85 - Y. GUILBERT
86 - ALAIN
87 - G. STEIN

95ème DIVISION
88 - E. POTTIER
89 - M. JAMOIS

96ème DIVISION
90 - MODIGLIANI

97ème DIVISION
91 - H. BARBUSSE
92 - P. VAILLANT-
     COUTURIER
93 - P. ÉLUARD
94 - M. THOREZ
95 - E. PIAF

FRIEDHOF PÈRE-LACHAISE
Detailkarte

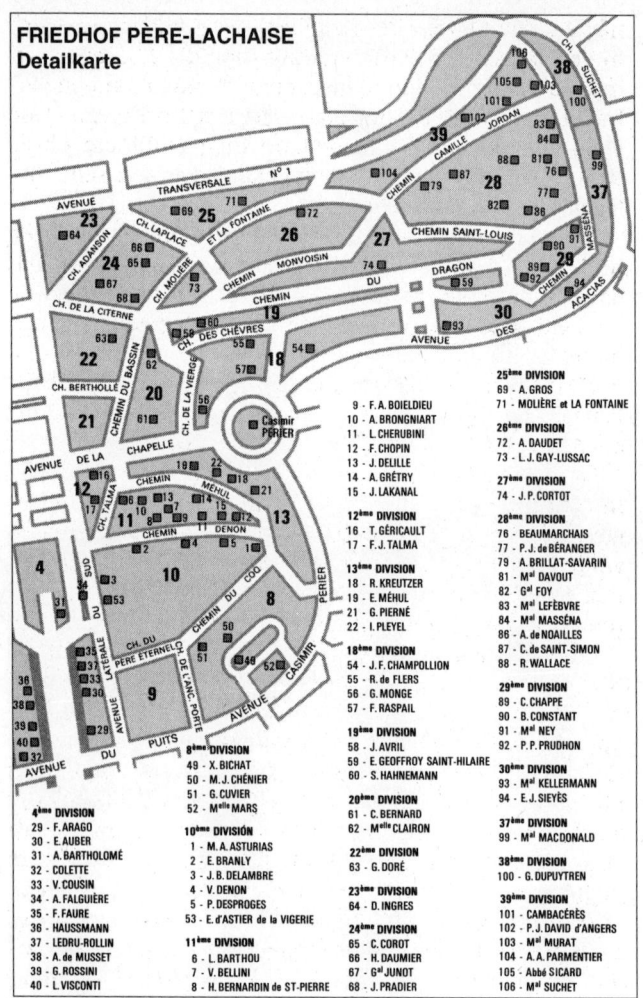

25ème DIVISION
69 - A. GROS
71 - MOLIÈRE et LA FONTAINE

26ème DIVISION
72 - A. DAUDET
73 - L.J. GAY-LUSSAC

27ème DIVISION
74 - J.P. CORTOT

28ème DIVISION
76 - BEAUMARCHAIS
77 - P.J. de BÉRANGER
79 - A. BRILLAT-SAVARIN
81 - M^{al} DAVOUT
82 - G^{al} FOY
83 - M^{al} LEFÈBVRE
84 - M^{al} MASSÉNA
86 - A. de NOAILLES
87 - C. de SAINT-SIMON
88 - R. WALLACE

29ème DIVISION
89 - C. CHAPPE
90 - B. CONSTANT
91 - M^{al} NEY
92 - P.P. PRUDHON

30ème DIVISION
93 - M^{al} KELLERMANN
94 - E.J. SIEYÈS

37ème DIVISION
99 - M^{al} MACDONALD

38ème DIVISION
100 - G. DUPUYTREN

39ème DIVISION
101 - CAMBACÉRÈS
102 - P.J. DAVID d'ANGERS
103 - M^{al} MURAT
104 - A.A. PARMENTIER
105 - Abbé SICARD
106 - M^{al} SUCHET

9 - F.A. BOIELDIEU
10 - A. BRONGNIART
11 - L. CHERUBINI
12 - F. CHOPIN
13 - J. DELILLE
14 - A. GRÉTRY
15 - J. LAKANAL

12ème DIVISION
16 - T. GÉRICAULT
17 - F.J. TALMA

13ème DIVISION
18 - R. KREUTZER
19 - E. MÉHUL
21 - G. PIERNÉ
22 - I. PLEYEL

18ème DIVISION
54 - J.F. CHAMPOLLION
55 - R. de FLERS
56 - G. MONGE
57 - F. RASPAIL

19ème DIVISION
58 - J. AVRIL
59 - E. GEOFFROY SAINT-HILAIRE
60 - S. HAHNEMANN

20ème DIVISION
61 - C. BERNARD
62 - Melle CLAIRON

22ème DIVISION
63 - G. DORÉ

23ème DIVISION
64 - D. INGRES

24ème DIVISION
65 - C. COROT
66 - H. DAUMIER
67 - Gal JUNOT
68 - J. PRADIER

4ème DIVISION
29 - F. ARAGO
30 - E. AUBER
31 - A. BARTHOLOMÉ
32 - COLETTE
33 - V. COUSIN
34 - A. FALGUIÈRE
35 - F. FAURE
36 - HAUSSMANN
37 - LEDRU-ROLLIN
38 - A. de MUSSET
39 - G. ROSSINI
40 - L. VISCONTI

8ème DIVISION
49 - X. BICHAT
50 - M.J. CHÉNIER
51 - G. CUVIER
52 - Melle MARS

10ème DIVISION
1 - M.A. ASTURIAS
2 - E. BRANLY
3 - J.B. DELAMBRE
4 - V. DENON
5 - P. DESPROGES
53 - E. d'ASTIER de la VIGERIE

11ème DIVISION
6 - L. BARTHOU
7 - V. BELLINI
8 - H. BERNARDIN de ST-PIERRE

nachhaltige Spuren des Zeitalters der Aufklärung. Noch in den Jahren vor der Revolution sind die Überreste von mehr als einer Million Menschen in die Katakomben verfrachtet worden, an der Place Denfert-Rochereau. Und viele von denen, die man dann im nachhinein ehren wollte, werden dort wohl hingekarrt worden sein. Belegen läßt sich das nicht mehr.

Jedenfalls erwarb die Stadt 1803 den Hügel im Osten für eine Art Modell-Friedhof. Eben jenes Terrain, das dann in der Folge zum Père-Lachaise wurde. Vorbei also die Zeiten, in denen man die Toten ad sanctos begraben hatte, in unmittelbarer Nachbarschaft der Heiligen und der Märtyrer. Vorbei das Gedränge um den begrenzten Platz in der Nähe des Altars und der Reliquien. Vorbei auch die Zeit der Kirchhöfe und der Massengräber.

La Terreur, das Schreckensregiment der ersten Jahre der Revolution, war ein letztes retardierendes Moment. Da ging es ums Sterben, nicht ums Totsein. Als die ersten wilden Jahre der Revolution ihren letzten Hauch getan hatten, als wieder Atem geholt wurde, spätestens in den Jahren der Restauration, da war die Zeit für einen Neuanfang.

Im Mai 1804 also wurde der Père-Lachaise eröffnet. Nur zögernd fand man Gefallen an der neuen Sitte, einer Art Friedhofsrevolution immerhin, die Toten nun außerhalb der Stadt zu beerdigen, Grabsteine an individuellen Gräbern zu errichten. Egalité, Gleichheit, auch im Tod zu pflegen. Kein Geborgensein mehr unter der Kuppel der allein seligmachenden Kirche, den Altar vor den blindgewordenen Augen. Allein, für sich allein, nicht mehr im heimeligen Massengrab, den ewigen Frieden zu suchen.

Es bedurfte eines Umdenkens, einer Neubesinnung, auch gewisser publizitärer Schübe, um das Grab im Garten, vor den Toren der Stadt, attraktiv zu machen. Aber noch im alten, im 18. Jahrhundert, waren von Architekten ja Entwürfe vorgelegt worden, und wenn dem Bürgertum, dem wohlhabenden jedenfalls, zu früheren Zeiten manch reizvolle Seitenkapelle im düsteren Kirchenwinkel verschlossen war, so hatte der Ausblick, in freier Natur nun dem Patriarchen der Familie ein Mausoleum zu errichten, ja auch seine Art. Die kühl kalkulierte Maßnahme der Stadtväter, den einen oder anderen prominenten Zeitgenossen dort zu plazieren, ging auf. Nach wenigen Jahren schon riß man sich um die zunehmend begehrte ›concession à perpétuité‹, die ewig gültige Konzession. Wo bekommt man so etwas schon im Leben – eine ewig gültige Konzession? Da hieß es zuzugreifen. Die besten Plätze waren ja noch frei und Père-Lachaise, im eigentlich gar nicht vornehmen Osten der Stadt gelegen, wurde rasch zum Villenvorort der Toten.

Der Ausdruck ist nicht willkürlich gewählt. Es sind ja richtige kleine Häuser entstanden. Klassizistische Schlichtheit wich bald den in Stein gesetzten Ausgeburten üppiger Phantasie. Die Gotik wurde bemüht, dann orientalische Formen – oder was man dafür hielt. Bonapartes Ägyptenfeldzug wirkte lange nach. Schließlich ließ man ja auch den Obelisken von Luxor, ein Geschenk aus Kairo an Karl X., nicht in einem Museum verschwinden, sondern stellte ihn stolz mitten auf die Place de la Concorde. Und im zweiten Arrondissement gibt es eine Nil-Straße, eine Alexandria-Straße und einen Kairo-Platz mit gleichnamiger Passage. Und mit Monsieur Champollion war es dann ja auch ein Franzose, dem es erstmals gelang, die Hieroglyphen zu entziffern.

Daß Herr Champollion an seiner Grabstätte (18. Division) zwar nicht mit einer kompletten Pyramide, aber doch mit einem Obelisken geehrt wurde, versteht sich da von selbst. Das Ausmaß und die Höhe der im Laufe der Jahre errichteten Monumente steht zwar zuweilen im umgekehrten Verhältnis zur Bedeutung der Toten für die Nachwelt, so wie sich, Beispielen sind wir schon genug begegnet, die wahrhaft großen Geister meist mit kleinen und bescheidenen Gräbern begnügen mußten, aber was wären die Pariser Friedhöfe und besonders der Père-Lachaise ohne diese gewaltigen Monstren aus Stein!

Gäbe es so etwas wie eine Goldmedaille zu verleihen für besonders schamlos zur Schau getragenen Reichtum in der Familie, so müßte sie der auf der Durchreise in Paris verstorbenen Prinzessin Elisabeth Demidoff, geborene Stroganoff, gebühren. Einer Familie, die sich auf die Ausbeutung ihrer Gold- und Silberminen ebenso verstand wie auf den schwunghaften Waffenhandel. Der Legende nach soll derjenige mit zwei Millionen Rubel belohnt werden, der ein Jahr lang in diesem prachtvollen Totenbau verbringt. Angeblich hat sich aber noch kein ernsthafter Anwärter gemeldet.

Der zu Recht Machtfülle suggerierenden Ehrenstätte für den Herzog Morny ist wenigstens zugute zu halten, daß an dieser Stelle das wohl pompöseste Begräbnis des Zweiten Kaiserreichs stattfand. Eine komplette Infanteriedivision war damals aufmarschiert, und vier Kavallerieschwadronen nahmen Kurs auf Père-Lachaise. Die Abgeordneten des Parlaments hatten sich eingefunden, und ein halbes Dutzend Rosse, mit Federbüschen geschmückt, zogen den Leichenwagen. Immerhin war der Herzog der wohl einflußreichste Berater des Kaisers – und sein Halbbruder dazu. Kritische Chronisten notierten später unter Anspielung auf die Macht des Herzogs: An diesem 12. März des Jahres 1865 habe sich das Kaiserreich selbst zu Grabe getragen.

Sechs Jahre später jedenfalls, als sich die Kommunarden bei ihren letzten Rückzugsgefechten auf Père-Lachaise zurückgezogen hatten, da galt ihnen, wohl nicht aus purem Zufall, gerade Mornys Grab als Bastion. Ein letztes Gelage – Alphonse Daudet schildert es in seinen ›Montagserzählungen‹ – am Grabe jenes Mannes, der von sich gesagt hatte: »Ich sage Graf zu meinem Vater, Majestät zu meinem Bruder, Prinzessin zu meiner Tochter. Ich selbst bin Herzog. Eine ganz natürliche Angelegenheit also« – das mußte den Kommunarden schon gefallen.

Nun pilgern die Besucher sicher nicht wegen Morny zum Père-Lachaise. Auch nicht wegen Champollion und wohl nicht einmal wegen Daudet. Molière, Chopin und Balzac sind besonders gefragt. Und natürlich und immer wieder Edith Piaf.

Wo liegt die Piaf? Der Wärter am Eingang äfft die stets wiederholte Frage in vielen Sprachen nach. Aber den Weg zur Piaf zeigt er Ihnen gerne. Wenn Sie mich nur nicht nach Morrison fragen. Aber Morrison ist auch so zu finden. Vandalen sind es, schimpft er. Schlimme Vandalen. Nichts ist vor ihnen sicher. Schauen Sie sich das nur mal an.

Natürlich habe ich mir das angeschaut. Morrison nimmt schließlich in der Beliebtheitsskala auf Père-Lachaise einen Rang ganz oben ein. Aber Morrison liegt nicht da, wo ein Erkundungsspaziergang seinen Anfang nimmt. Natürlich läßt sich auch nach dem Grundmuster der Sightseeing-Touren im Autobus verfahren. Vier, fünf Namen, zehnmal nachgefragt auf dem hastigen Weg, kreuz und quer durch die hügelige Landschaft, ein paar Zufallsbegegnungen und dann das Resümee: natürlichwarnwirauchaufmpeerlachäse.

Man kann auch am Haupteingang anfangen und sehen, wie weit man kommt. Oder geradewegs auf Balzac – als Beispiel nur – zusteuern und sich von dort aus dann treiben lassen. Aber all das ist unbefriedigend, und irgendwann läuft einem doch einer der Wärter entgegen – »ach, verzeihen Sie bitte« – und er verzeiht – »wo liegt noch gleich die Piaf?« Die Piaf, wird der nette Wärter sagen, liegt genau an der entgegengesetzten Stelle, und dann greift er in die Tasche und zieht ein Stück Papier hervor, auf dem genau das geschrieben steht, was man in seinem Reiseführer vergeblich gesucht hat oder, falls der Führer ausführlich ist, genau dasselbe, und weil der Wärter so ein netter Mann ist (»siehst du, die Franzosen sind doch höfliche Leute«), gibt man ihm auch ein paar Francs in die Hand. Wenn nicht, ist der Wärter meist immer noch höflich, aber nicht mehr ganz so nett.

Weil so ein Plan mit ein paar Punkten drauf und den wichtigsten oder jedenfalls für wichtig gehaltenen Namen für einen mehrstündigen Rundgang die beste und bequemste Lösung ist und den Wärtern ihre Zettel auch nie ausgehen, können wir es dabei belassen und uns den Friedhof abschnittsweise vornehmen.

106

Abzuraten ist jedenfalls davon, die insgesamt 97 Divisionen nach durchnumerierter Folge abzuschreiten. Denn den ungeübten Besucher muß es schon verwirren, daß zwar beispielsweise die ersten vier Divisionen aufeinanderfolgen, die fünfte aber zwischen der 14. und der 73. zu finden ist. Insgesamt verfügt der Père-Lachaise heute über ein Wegenetz von etwa 15 Kilometern Länge.

Ob man nun am Haupteingang beginnt, der am Boulevard de Ménilmontant liegt, etwa auf halber Strecke zwischen den Metrostationen Père-Lachaise und Philippe Auguste oder etwa die kleine Treppe hinaufsteigt an der Avenue Gambetta, bleibt sich eigentlich gleich. Ich selbst fahre gern bis zur Place Gambetta und muß dann nur noch am Théâtre de l'est parisien vorbei die kurze Avenue du Père-Lachaise bis zur Rue des Rondeaux entlanglaufen, um dort gleichsam durch die Hintertür Einlaß zu finden.

Gleich linker Hand fällt dort die Gedenkstätte für die Tänzerin Harriet Toby (88. Div.) auf, die bei einer Flugzeugkatastrophe in Nizza am 3. März 1952 ums Leben kam. Der erste Gruß gilt aber eigentlich dem Spätromantiker Auguste Villiers de l'Isle Adam (1838–1889), der sich mit einem letzten Gruß von der Welt verabschiedet hat, der seither ein geflügeltes Wort geworden ist: Adieu, les belles choses! Es müssen Worte voll bitterer Ironie gewesen sein, denn Villiers entstammte einem alten, aber verarmten Adelsgeschlecht und verbrachte selbst die letzten Jahre seines Lebens in elender Armut. Seine wenigen Freunde, unter ihnen Huysmans (siehe Montparnasse), verschafften ihm für fünf Jahre ein Grab auf dem Cimetière des Batignolles an der Porte Clichy. Als diese zeitlich begrenzte Konzession ablief, brachte man ihn auf den Père-Lachaise. Les belles choses? Adieu. (79. Division)

Vom letzten Abschied bis zum Willkommensgruß sind es nur ein paar Schritte. Im übertragenen Sinn natürlich und den hübschen Namen ›Willkommen‹ zur Hilfe genommen. Parisbesuchern, die wenigstens mit den Grundkenntnissen der französischen Sprache vertraut sind, wird an der Metrostation Montparnasse bereits der Zusatz ›bienvenüe‹ aufgefallen sein, und sie werden es als eine nette, wenn auch ziemlich willkürlich gewählte Geste erachten, ausgerechnet an diesem lärmigen, von einem gräßlichen Koloß von Turm beherrschten Platz willkommen geheißen zu werden. Aufmerksame Französischschüler werden außerdem zu Recht anmerken, daß sich auf dem ›u‹ von bienvenüe seltsamerweise zwei Punkte

Seine Verehrer nennen ihn den ›Erfinder der Kartoffel‹. Das heißt allerdings, Antoine-Auguste Parmentier (1737–1813) zuviel Ehre zuteil werden zu lassen. Immerhin hat der Agronom und Apotheker Parmentier die Kartoffel in Frankreich nicht nur populär, sondern auch salonfähig gemacht. Ludwig XV. genoß die Erdäpfel, wie sie in der französischen Übersetzung heißen, als Delikatesse an der königlichen Tafel und seine Gemahlin nutzte Kartoffelblüten manchmal als Kopfschmuck. Noch heute zählt das hachis parmentier, ein Auflauf aus Hackfleisch und Kartoffelbrei, zum festen Bestandteil eines bürgerlichen Speiseplans (39. Div.).

eingeschlichen haben – was im Französischen nicht üblich ist.

Die Erklärung ist einfach: Es handelt sich um einen Herrn Bienvenüe. Den Baumeister der Pariser Metro.

Fulgence-Marie-Auguste Bienvenüe (1859–1936), so sein voller Name, war Ingenieur und Generalinspektor der Stadt Paris. Nachdem man nun zwar schon bei der vormaligen Weltausstellung mit dem Eiffelturm als besonderer Attraktion aufgewartet hatte, wollten die ehrgeizigen Stadtväter nun zur Jahrhundertwende und der neuerlichen Expo wenigstens auch mit einer U-Bahn aufwarten, die in anderen Weltstädten längst existierte. Monsieur Bienvenüe schien ihnen für die Realisierung des Projekts der richtige Mann zu sein. Tatsächlich betrug die Bauzeit für die erste Trasse nicht einmal zwei Jahre, und wie versprochen wurde die Metro am 19. Juli 1900, pünktlich um 13 Uhr, eingeweiht.

Heute zählt der öffentliche Nahverkehr in Paris Tag für Tag rund fünf Millionen Fahrgäste, die meisten als Benutzer der Schnellbahn. Wie viele Pariser verbindet mich mit dieser Einrichtung eine Haßliebe. Der zu Stoßzeiten meist vergebliche Wunsch, einen Sitzplatz zu ergattern, in der stillen Hoffnung, im stets mitgeführten Taschenbuch wenigstens drei, vier Seiten weiterzukommen, das ewige Gedränge und Geschubse und der sich alle paar Minuten wiederholende nervöse Griff nach der Brieftasche (Taschendiebe schätzen natürlich gerade die überfüllten Wagen als einträgliches Jagdgebiet), der Frust über nicht angekündigte Warnstreiks der Zugführer und defekte Rolltreppen, der Ärger über die unsinnigen Späße, die für die Tickets vorgesehenen Schlitze an den Eingängen mit Kaugummis zu verkleben oder Papierschnitzeln zu verstopfen, die Zerstörungswut offenbar nie dingfest gemachter Rowdies, die Plastiksitze aufzuschlitzen und mit Farbe zu besprühen – und dann, nachdem man ein paar Wochen in Urlaub war und miterlebt hat, an südfranzösischen Stränden beispielsweise, daß es im zwischenmenschlichen Zusammenleben über der Erde auch nicht sehr viel freundlicher zugeht als unter der Erde, da tritt man, anfangs wenigstens, gelassen wieder den Gang in den Untergrund an, da ist wieder der altbekannte Mief und der vertraute (meist) senegalesische Metrostations-bahnsteigkehrer (ob der zur Abwechslung auch mal Straßen fegt?) ist auch noch da, und die alte zahnlose Schlampe mit ihren heruntergerollten Strümpfen und dem löchrigen Plastiksack der Supermarktkette Félix Potin stiert auf das Werbeplakat der ›Goldenen Tage‹ im Kaufhaus Lafayette (vor dem Urlaub wurde da für eine karibikfrische Limonade mit chemischen Zusätzen Werbung gemacht) – kurz: Man ist wieder zu Hause.

Da liegt er also nun, der Herr Bienvenüe, seit einem halben Jahrhundert schon, und war damals zu Recht ganz schön stolz auf seine Metro. Schon die Ausschachtungsarbeiten hatten für Schlagzeilen gesorgt. Und je größer das unterirdische Netz wurde, um so mehr förderte man an Kuriositäten zutage. Ein vollständiges Merowingergrab zum Beispiel (schließlich soll bei den abschweifenden Reminiszensen an das Werk Bienvenües der friedhöfliche Aspekt dieses Buches stets im Auge gehalten werden), auch der Backenzahn eines Elefanten (wissenschaftlichen Lesern zuliebe: des elephas primigenius) und natürlich, aber das hätte man sich denken können, kam auch das Gerücht auf, man sei auf einen Goldschatz gestoßen. Diesbezügliche Nachforschungen in der Unterwelt führten natürlich zu keinem Ergebnis.

Aber als die Metro ihrer Bestimmung übergeben war, folgten bald Rückschläge. Auf den Tag genau drei Monate nach der Eröffnung forderte ein Unfall an der Station Concorde 29 Verletzte. Und am 10. August 1903 ereignete sich das seither schlimmste Unglück in der internationalen U-Bahn-Chronik, das fortan als Drei-Groschen-Tod in die Geschichte eingegangen ist.

Als an einem der Wagen ein zunächst harmloser Schwelbrand festgestellt wurde, waren die Passagiere aufgefordert worden, an der Station Couronnes schnellstmöglich den Untergrund zu verlassen. Einige Dutzend

Mahnstätten
erinnern an die
Opfer in den
deutschen
Konzentrations-
lagern

Fahrgäste aber verlangten laut zeternd die Rückerstattung des Fahrgelds. Immerhin drei Sous. Mit dem beamtenüblichen Hinweis des Kontrolleurs – erstens sei er dafür nicht zuständig, zweitens werde man dies auf administrativem Wege lösen und drittens dränge jetzt die Zeit – wollten sich die immer schon mißtrauischen Pariser nicht zufriedengeben. Erst das Geld und dann die Flucht. Ordnung muß sein. Die hartnäckige Weigerung des Beamten, auf unbürokratischem Weg das Fahrgeld sofort zurückzuzahlen, hatte sich wohl schneller herumgesprochen als der Brand selbst. Als jedenfalls die Feuerwehr sich durch eine aufgebrachte Menschenmenge den Weg zum Bahnsteig gebahnt hatte, war es zu spät. 77 Menschen waren in Rauch und Qualm erstickt. Es ist nicht überliefert, ob die Metroverwaltung die drei Groschen wenigstens an die trauernden Hinterbliebenen überwiesen hat.

Von der Erinnerung der Wut über die verlorenen Groschen führt mich der Weg auf die Suche nach der verlorenen Zeit. Marcel Proust hat ein unscheinbares,
schmuckloses Grab (85. Division). Aber seinen Leichenzug schmückte die illustre Pariser Gesellschaft, von der er
sich in den letzten Lebensjahren mehr und mehr losge-
sagt hatte, um sich »vorläufig«, wie er geglaubt hatte, in
die fünfte Etage eines Mietshauses in der Rue Hamelin
Nr. 44 im 16. Arrondissement zurückzuziehen. Eine Art
Matratzengruft, wie bei Heine. Zwei Jahre nach Prousts
Tod wurde das Haus zu einem Hotel umgebaut. Prousts
Leichnam war in der nahegelegenen Kirche St. Pierre-de-
Chaillot an der Avenue Marceau aufgebahrt worden. Seinem Sarg folgte ein langer Trauerzug, in den sich der eine

oder andere Graf und diese oder jene Prinzessin eingereiht hatten. Aber auch Cocteau und sein Freund Radiguet, der mit nur 20 Jahren wenige Monate darauf starb
und der ebenfalls auf dem Père-Lachaise begraben liegt.

Die nachfolgende 87. Division dominiert das Columbarium, die mit zwei unter der Erde liegenden Stockwerken
versehene Urnenhalle. Unter dem Aspekt individualisti-
scher Grabgestaltung ist der Besuch aus naheliegenden
Gründen nur von geringem Reiz, und es ist natürlich ein
mühevolles Unterfangen, holt man zuvor nicht detailliert
Auskunft ein, ganz gezielt Namen nachzuspüren. 1964
wurde die Urne des legendären Jean Moulin, eines der
maßgeblichen Köpfe der Résistance während der deutschen Besatzung, ins Panthéon gebracht. Dem des Französischen nicht mächtigen Besucher werden übrigens
zwei Tafeln unbeachtet bleiben, deren Namen allein eine
Erdbestattung als Stilbruch hätten erscheinen lassen. Es
handelt sich – die gebotene Pietät verbietet fast eine Übersetzung – um Herrn Malcuit (zu deutsch: schlechtge-
kocht) und Frau Chaudron (zu deutsch: Kochkessel).

Die fast durchweg schmucklosen Aufschriften der Ur-
nenfächer geben aber auch zahlreiche prominente Namen
preis. Jean-Paul Aron (1925–1988) zum Beispiel, Schriftsteller, Journalist und Bruder des noch berühmteren Raymond Aron (siehe Montparnasse). Er hatte sich, Jahre vor
seinem Tod, als erster großer Name der französischen
Öffentlichkeit als Aids-Opfer offenbart. (Urnenfach 791)
Marcel Camus (1912–1982/Nr. 23249) und Max Ophüls
(1902–1957/Nr. 6219), die beiden Filmregisseure.

Der Komponist Paul Dukas (1865–1935/Nr. 4938), bekannt geworden durch seine Oper »Ariane und Blaubart«
und das sinfonische Scherzo »Der Zauberlehrling«. Die
amerikanische Tänzerin Loïe Fuller (1862–1928/Nr. 5382),
deren sogenannter Serpentinentanz Toulouse-Lautrec
auf einer Lithografie unsterblich machte. Achille Zavatta
(1915–1993/Nr. 1918), Frankreichs wohl berühmtester
Clown, dessen Urnenfach ein Zirkuswagen ziert und dessen letzter Geleitzug durch den Pariser Osten zu einem

farbenprächtigen und laut tösenden Spektakel von Gauklern und Artisten geriet – bis in die Friedhofshalle hinein. Nur einige Schritte weiter zur Linken findet sich die Urne von Max Ernst (1891–1976/Nr. 2102), dem deutschen Maler, Bildhauer und Schriftsteller, der sich in Paris dem Kreis der Surrealisten anschloß, sich schließlich auch in Buñuels »L'âge d'or« (Das goldene Zeitalter) als Filmdarsteller versuchte und Frankreich zu seiner zweiten Heimat machte.

Nicht vergessen werden darf bei der Spurensuche im Columbarium natürlich die meist nachgefragte Gedenkstätte der Maria Callas (1923–1977/Nr. 16258). Die Griechin Sofia Kalogeropoulos wurde zur wohl gefeiertesten Operndiva der Geschichte. Die rastlose Callas starb im Alter von nur 54 Jahren in Paris, aber nicht einmal ihre Asche fand im Urnengrab lange Ruhe. Noch vor wenigen Jahren gähnte das Urnenfach im Untergeschoß Leere, Freunde hatten die Asche der Callas ihrem letzten Wunsch gemäß im Ägäischen Meer verstreut. Inzwischen ziert eine Gedenkplatte das leere Fach.

Zahlreich sind die Namen derer, deren letzte Spuren sich verloren haben. Jean Gabin wählte die Seebestattung vor der bretonischen Küste, der Schriftsteller Romain Gary und der 97 Jahre alt gewordene Schauspieler Charles Vanel entschieden sich für die gleiche Zeremonie vor den Ufern des Mittelmeers und die große junge Hoffnung des modernen französischen Films, Cyril Collard, suchte seine letzte Ruhestätte in Portugal. Wenige Tage nach seinem Tod im Alter von nur 35 Jahren war der an Aids verstorbene Collard bei der Verleihung des höchsten französischen Filmpreises, des César, mit Preisen überhäuft worden.

Unter der Nummer 6796 ist die schlichte Inschrift zu lesen: Isadora Duncan, 14. September 1927. Die gebürtige Amerikanerin war nicht nur die berühmteste Tänzerin ihrer Zeit, die mit unkonventionellen Einfällen das Ballett der Jahrhundertwende von Grund auf revolutionierte, ihr exzentrischer Lebenslauf bescherte ihr auch mit je-

Als der Archäologe und Kunsthistoriker Jean Davillier 1883
starb, setzten ihm seine Hinterbliebenen den guten Hirten aufs
großflächig gestaltete Grab. Obwohl es längst eingezäunt ist, er-
freut sich der ›gute Hirte‹ einer ähnlich treuen Anhängerschar
wie etwa Kardec oder ein Teil des Journalisten Victor Noir. Daß
die Gemeinde des ›Bon Berger‹ von züchtigerer Denkungsart ist
als die des Zeitungsschreibers, läßt die Liebkosung eines tiefer
liegenden Körperteils erkennen. Die Verehrer des ›guten Hirten‹ beschränken sich auf den rechten Fuß und außerdem die
mittlerweile blankpolierten Köpfe der Lämmer. Auf einer Inschrift ist zu lesen: Ich bin der gute Hirte, der sein Leben seinen
Schäflein weiht. Meine Schäflein hören meine Stimme. Ich
kenne sie und sie folgen mir. Ich gebe ihnen das ewige Leben
und jemand wird sie meinen Händen entreißen (40. Div.).

115

weils anderen Männern drei Kinder, die sie jedoch alle überlebte. Ausgerechnet ihr nicht weniger berühmter russischer Ballettkollege Nijinski (siehe Montmartre), dem der Sinn mehr nach dem eigenen Geschlecht stand, versagte ihr den offen geäußerten Wunsch, sich in die bunte Reihe der Väter ihrer Kinder einzugliedern.

Isadora Duncan hatte sich jedoch nicht nur mit Inbrunst dem Ballett und ihren amourösen Abenteuern verschrieben, sondern dem damals noch nicht weitverbreiteten Luxus des Autofahrens. Diese Leidenschaft legte sich gleich zweimal wie ein dunkler Schleier über ihr Schicksal. 1913 rollte ihr für einen Moment alleingelassener Wagen in die Seine, und ihre beiden Kinder sowie das Kindermädchen ertranken. 14 Jahre später, Isadora hatte die Bühne längst verlassen, hielt sich die zunehmend rastlose Tänzerin, die ständig zwischen Paris und der Côte d'Azur pendelte, wieder einmal in Nizza auf. Als sie an einem sonnigen Spätsommertag ihren offenen Bugatti-sportwagen bestieg und in gewohnter Eile anfuhr, verfing sich ihr im Fahrtwind wehender Schal im Hinterrad des Wagens und erdrosselte sie auf der Stelle. Ein wahrlich bühnenreifer Abgang.

Während dieser tragische Unglücksfall der Polizei bei der Bestandsaufnahme kein weiteres Kopfzerbrechen bereitete, gab es um die Jahrhundertwende eine Vielzahl zunächst nicht aufgeklärter Verbrechen. Die Vorfahren des Kommissars Maigret (der auf Père-Lachaise übrigens nicht zu finden ist) taten sich vor allem schwer mit der Dreistigkeit mutmaßlicher Täter, die unter der Vorgabe eines falschen Namens ihre wahre Identität leugneten. Vor allem die wachsende Reiselust der Ganoven und der sprunghafte Anstieg grenzüberschreitender Geschäfte ließen den Kundenkreis rapide anwachsen und die Kartei der Pariser Präfektur rasch zur Makulatur werden. Dem renommierten Anthropologen Alphonse Bertillon blieb es vorbehalten, herauszufinden, daß die Länge der Gliedmaßen bei ausgewachsenen Menschen überaus unterschiedliche Werte aufwies, die selbst beim phantasievollsten Talent zur Maskerade einen registrierten Verdächtigen untrüglich zu überführen wußten.

Das anfangs belächelte Bertillonsche System, den einmal mit Hilfe des Maßbandes penibel beschriebenen Täter in den Akten zu kennzeichnen, erwies sich bald als durchschlagender Erfolg. Der üppig sprießende Backenbart und das wild wuchernde Haupthaar des mit belgischem Akzent lispelnden Herrn, der zudem ein Hinkebein vortäuschte, konnte – Bertillon sei es gedankt – den vor Monaten erfaßten schmalbrüstigen Bombenleger nicht vergessen machen, weil eben – am Beispiel – neben anderen Übereinstimmungen der Ringfinger der linken Hand eine auffallende Überlänge aufwies. Bertillon starb 1914 im Alter von 61 Jahren. Mit der Erfindung des weniger aufwendigen Fingerabdruckverfahrens wurde Bertillons Maßband in den darauffolgenden Jahren zu den Akten gelegt.

Es wird wohl immer ein Geheimnis bleiben, welch dunkle Motive anonyme Grabschänder dazu getrieben haben, die Gedenkstätte für Oscar Wilde (89. Division) zu attackieren. Eine geflügelte Sphinx, die angeblich die ein wenig verfremdeten Gesichtszüge des früh gealterten Schriftstellers aufweist. Dabei haben es die Attentäter(innen) ausgerechnet auf jenen Körperteil abgesehen, der in seinem Leben gewiß eine herausragende Rolle gespielt hat. Angeblich hat die betont männliche Sphinx ihre steinernen Hoden eingebüßt, als zwei britische Touristinnen – so jedenfalls die in Frankreich verbreitete Version – einen wohlvorbereiteten Anschlag verübten. Sie sollen bei ihrem feministisch inspirierten Vorstoß zwar von den Wärtern überrascht worden und gegen die Herausgabe des Corpus delicti unerkannt entkommen sein, unter der bedingungslosen Preisgabe desselben jedoch, das eine zeitlang im Wärterhäuschen als Briefbeschwerer gedient haben soll. Durchaus möglich aber auch, daß sich gleichgeschlechtliche Liebhaber des Souvenirs bemächtigt haben, um es in die häusliche Vitrine zu stellen oder einer nicht näher bekannten Funktion zuzuführen.

Das männliche Signum körperlicher Liebe hat Oscar

Wilde jedenfalls, die mysteriöse Episode belegt es, bis ins Grab verfolgt. Der zuvor in seiner Heimat gefeierte Schriftsteller hatte sich, vom erbosten Vater seines Liebhabers angeschwärzt, einen Prozeß auf Grund seiner homophilen Neigungen eingehandelt und war schließlich zu zwei Jahren Zuchthaus verurteilt worden. Nach Verbüßung der Haftstrafe hatte er sich zunächst im normannischen Badeort Berneval-sur-Mer niedergelassen, um dann unter dem Pseudonym Sebastian Melmouth in Paris die letzten eineinhalb Jahre seines kurzen Lebens zu beschließen. In jener Stadt also, in der er, Jahre zuvor, mit seiner Frau die Hochzeitsreise verbracht hatte. Das Hotel in der Rue des Beaux-Arts Nr. 13 trägt heute einen anderen Namen und ist ein schickes Etablissement geworden, das noch immer einige Erinnerungsstücke des Schriftstellers beherbergt. Damals hieß es Hôtel d'Alsace und bis zum deutsch-französischen Krieg 70/71 Hôtel d'Allemagne.

Der Besitzer war angeblich der einzige, der nach den

118

Schilderungen André Gides einen Kranz zu Wildes bescheidenem Begräbnis am 3. Dezember 1900 sandte. Mit der Aufschrift: ›A mon locataire‹ – meinem Mieter. Womit ein historischer Gegenbeweis für die gerade in Paris weitverbreitete These angetreten wäre, daß alle Vermieter geldgierige Unmenschen seien.

Noch auf dem Sterbebett – wahrscheinlich starb er an den Folgen der damals weitverbreiteten Syphilis – war er zum katholischen Glauben übergetreten (»Die katholische Kirche«, soll er gesagt haben, »ist die einzige, in der sich gut sterben läßt«), was ihm immerhin zu der Inschrift verhalf, er sei »gestärkt durch die Sakramente der Kirche gestorben«. Neun Jahre nach seinem Tod erst wurden seine Gebeine vom tristen Vorstadtfriedhof Bagneux zum Père-Lachaise überführt.

Drei Jahre nach Oscar Wildes Tod kam eine jüdische Amerikanerin mit deutschen Vorfahren nach Paris, und sie sollte in den folgenden Jahren, vor allem aber zwischen den beiden Weltkriegen, durch ihren Einfluß die Pariser Szene der Literatur und vor allem der Malerei entscheidend mitprägen. Sie hatte zusammen mit ihrem Bruder, der sich später im Streit von ihr trennte, in der Rue de Fleurus Nr. 27 am Jardin du Luxembourg eine gemeinsame Wohnung gemietet. Zielstrebig begutachtete und kaufte das Geschwisterpaar bei seinen Streifzügen durch Ateliers und kleine Kunstläden zu lächerlichen Preisen all das, was damals weder Rang noch Namen hatte. Nicht wahllos etwa, sondern, wie sich später herausstellte, mit einem untrüglichen Instinkt für das, was Zukunft hatte. Besonders ein junger Spanier hatte es ihr angetan. Er hieß Pablo Picasso, und er porträtierte sie dann auch. Das Bild hängt heute in einem New Yorker Museum und hat einen unschätzbaren Wert.

Obwohl diese Frau alles andere als eine Schönheit war – klein, jedoch von massiger Gestalt, »schwer gebaut wie eine norditalienische Bauernfrau aus dem Friaul« (so hat sie Hemingway geschildert) – faszinierte sie selbst die, die sie eigentlich nicht so recht leiden konnten. Das eine wie das andere mochte nicht zuletzt an ihrer offenherzigen Kritik liegen, die mit gestelzt ausgeteilten Komplimenten nichts im Sinn hatte. Bald stand es außer Frage: Wer etwas gelten wollte, mußte zumindest in ihrem Salon – wenn man ihn so nennen konnte, denn er hatte natürlich nichts gemein mit den gepflegten Salons des 19. Jahrhunderts – ein und aus gehen, am besten aber von ihr gekauft werden. So wie Matisse etwa oder eben Picasso.

Daß sie auf Äußerlichkeiten wie Kleidung keinerlei Wert legte (»eine seltsame Zwischendeckkleidung«, mokierte sich Hemingway), und sich ganz auf ihren selbstgewählten Auftrag konzentrierte, Bilder und vielleicht sogar Maler zu sammeln, schildert Hemingway in seinem Buch »A moveable feast« (ein Fest fürs Leben): »Sie können entweder Kleider oder Bilder kaufen«, sagte sie. »So einfach ist es. Niemand, der nicht sehr reich ist, kann beides tun. Schenken Sie Ihrer Kleidung keine Aufmerksamkeit und der Mode überhaupt keine Aufmerksamkeit, und kaufen Sie Ihre Kleidung unter dem Gesichtspunkt der Bequemlichkeit und Haltbarkeit, und dann haben Sie das Kleidergeld, um Bilder zu kaufen.«

So einfach war das also. Den Einwand Hemingways, selbst wenn er sich gar nichts mehr zum Anziehen kaufen wollte, könne er sich immer noch keinen Picasso leisten, tat sie schroff mit der Bemerkung ab, der komme für ihn sowieso nicht in Betracht.

Diese Frau war Gertrude Stein.

Ihr Studio wurde, wie Ursula von Kardorff treffend bemerkte, zur Brutstätte der modernen Kunst. Als sie am 27. Juli 1946 an Krebs starb – die amerikanische Jüdin mit dem Hang zur ›entarteten Kunst‹ hatte sich während der Besatzungszeit erfolgreich in der Provinz verborgen und nach ihrer Rückkehr nach Paris fast ihren ganzen Besitz wiedergefunden – da vermachte sie ihre ganze Habe – Dutzende von Bildern und Zeichnungen sowie eine Skulptur von Picasso – ihrer langjährigen Lebensgefährtin Alice B. Toklas. Anfang der 60er Jahre wurde der Kunstbesitz auf einer Auktion für mehrere Millionen

120

Dollar versteigert. Alice B. Toklas, die für Gertrude Stein Freundin und Geliebte, Haushälterin und Buchhalterin und schließlich Nachlaßverwalterin war, starb im Alter von fast 90 Jahren ebenfalls in Paris. Das literarische Werk der Gertrude Stein ist jedoch, abgesehen von ihrer Biographie, fast unbekannt geblieben und zum Teil erst nach ihrem Tod veröffentlicht worden. (94. Div.)

Als ich im äußersten Winkel des Père-Lachaise vor dem Grab von Laura Lafargue stehe, muß ich an Tschernenko denken. Der hat mit Laura Lafargue eigentlich nicht sehr viel zu tun, wenn man davon absieht, daß beide tot sind und sich zum Kommunismus bekannt hatten. Laura Lafargue liegt in dem Gräberfeld, das von betont konservativen Besuchern etwas abfällig ›die Kommunistenecke‹ genannt wird. Laura war eine geborene Marx und eine seiner Töchter. Wer Marx ist, weiß jeder. Wer Tschernenko war, wußte im Februar 1982 in Paris eigentlich nur der politisch interessierte Zeitungsleser. Tschernenko führte die sowjetische Delegation beim damaligen Parteitag der französischen Kommunisten. Und es war nun mal so Sitte – Ehrengäste der Partei, zumal aus Moskau angereiste, wurden nach alter KP-Tradition in Paris in die Rue Marie-Rose gefahren, dort hatte Lenin die letzten drei Jahre seines Pariser Exils verbracht. Die nicht sehr heimelige Wohnung dient heute als Museum. An der Außenwand des etwas düster wirkenden Hauses ist eine Plakette mit dem Bildnis Lenins angebracht worden. Da sich gerade in diesem Viertel etliche polnische Flüchtlinge niedergelassen haben, mochte es wohl kein Zufall sein, daß das Leninhaus nach der Zerschlagung der Gewerkschaft Solidarität und einer gerade in Frankreich hochschwappenden Welle der Sympathie für Lech Wałęsa monatelang Zielscheibe von antisowjetischen Parolen war. Tag für Tag konnte ich auf dem üblichen Weg zur Metro den jeweils aktuellen Stand der Schmähungen beobachten. Während nächtliche Malkolonnen weißklecksend wieder einmal den sowjetischen Einfluß in Polen zum Teufel gewünscht hatten und Wałęsa hochleben ließen, wurde am hellichten Tag die Hausfassade wieder saubergetüncht. Als Genosse Tschernenko dann an einem Samstagnachmittag würdevoll, wie es sich für einen sowjetischen Delegationschef am Hause Lenins gehörte, im dunklen Mantel und mit schwarzem Hut aus einer ebenfalls schwarzen Limousine stieg und mit ihm andere dunkelgewandete Herren aus gleichfalls schwarzen Limousinen, um dem tristen Heim einen wahrscheinlich nicht sehr lustig verlaufenen Besuch abzustatten, da hatte man das Porträt Lenins sogar mit einem zellophanverpackten Blumenstrauß geschmückt. Am nächsten Tag war der Blumenstrauß weg und Lenins Nase zierte ein dicker roter Fleck. Die Farbbeutelattentäter hatten wieder zugeschlagen.

Herr Tschernenko verließ das Haus übrigens genauso würdevoll, wie er es betreten hatte, ein paar Passanten klatschten schüchtern Beifall, und ich hatte natürlich ebensowenig Gelegenheit, mit ihm ins Gespräch zu kommen wie zwei Jahre später im Kreml, wo es mir immerhin gelang, bei einem Fototermin ein paar Minuten das Arbeitszimmer Gromykos in Augenschein zu nehmen. Aber so war das nun mal: Ein Besuch in Lenins Wohnküche – kein Problem (wenn nicht gerade zur selben Zeit Herr Tschernenko zu Gast war), eine Visite bei seinen noch lebenden Nachfolgern war dagegen mit größten Schwierigkeiten verbunden. Mit den Toten tut man sich leichter. Was aber treibt mich dazu, vor dem schlichten, wenn auch gepflegten Grab der Laura Lafargue an Lenin und Tschernenko zu denken? Vielleicht, und so ist es wohl, der Wunsch, die längst Verstorbenen ein wenig greifbarer zu machen, über die aus Büchern herausgelesenen Fakten und Anekdoten hinaus zu personalisieren. Wir, die wir, längst einer anderen Generation zugehörig, auf Zeitzeugnisse angewiesen sind, wir – und damit meine ich die Mehrheit aller Friedhofsspaziergänger –, die ja nicht einmal behaupten dürfen, selbst wenn die Toten noch in frischen Gräbern ruhen: den da habe ich noch nach seinem letzten Buch befragt und die da, wenigstens das, habe ich noch auf der Bühne gesehen, uns bleibt gerade der genius loci. Der Besuch des Cafés, in dem der da gesessen und der Blick auf das Haus, in dem die da gewohnt hat.

Mit Utrillo ein letztes Interview geführt? Die Piaf nach ihrer Kindheit befragt? Kennedy auf die Rankünen von Fidel Castro angesprochen? Nichts da! Daß man diesem oder jenem Bundeskanzler oder Minister mal diese oder jene Zwischenfrage gestellt und einem längst gestürzten afrikanischen Juntachef auch schon mal die Hand gedrückt hat, auch dem fast schon vergessenen Erzbischof Makarios auf Zypern, ein Teeplausch im Hauszelt des libyschen Obersten Gadhafi und, immerhin und welch kuriose Szene im Rückblick, das Gespräch (war es denn ein

Cléo de Mérode, recht unverhohlen in luftig-lockeres Tuch gehüllt, trauert auf dem Grab ihrer Mutter, in dem sie später selbst bestattet wurde. Die schöne Cléo war zur Belle Époque der Liebling so mancher Saison und in vielen Salons (90. Div.).

Gespräch? Wie spricht man mit einer leibhaftigen Königin? Wohin so schnell mit der vermaledeiten Mokkatasse?) mit Elisabeth, der Königin von Großbritannien – das wär's dann schon, das war's dann schon.

Also: Der Gang auf den Friedhof. Laura Lafargue, geborene Marx, Tochter von Marx und verheiratet mit Paul Lafargue, einem die Revolution herbeisehnenden Schriftsteller. 1911 verübten beide gemeinsam Selbstmord. Lenin hielt eine flammende Grabrede.

Im gleichen Grab (76. Div.) liegt auch Jean Longuet, Enkel von Karl Marx, ehemaliger Chefredakteur der Zeitung ›Le Populaire‹ und Freund von Ho Tschi Minh, sowie der Bildhauer Karl-Jean Longuet Marx, ein 1981 verstorbener Urenkel. Von Karl Marx selbst sind interessanterweise keine Spuren in Paris zu finden, obwohl er einige Zeit dort verbracht hat – freilich auch ausgewiesen wurde.

Daß fast alle herausragenden Namen der kommunistischen Bewegung Frankreichs in dieser Nordostecke des Friedhofs zu finden sind, ist kein Zufall. Dort nämlich befindet sich jene Stätte, die man getrost den Wallfahrtsort der französischen KP nennen kann: le mur des fédérés. Die Mauer also, an der der letzte Widerstand der Kommunarden 1871 buchstäblich zusammengeschossen wurde. Acht Tage nur währte die ›Blutige Woche‹, wie man sie seither nennt, die kurzzeitige Herrschaft der Kommune. Stadtviertel für Stadtviertel war der Widerstand der Aufständischen von den vorrückenden Truppen des General Vinoy gebrochen worden. Ein paar Hundert von ihnen hatten sich schließlich auf dem Père-Lachaise verschanzt. Aber sie konnten die Bastion nicht lange halten. Die in den nördlichen Bezirken der Stadt stationierten deutschen Einheiten griffen zwar nicht ein, sperrten aber jeden möglichen Fluchtweg. In der Nacht zum Pfingstsonntag, – die Versailler Truppen der Republik hatten bereits den Südteil des Friedhofes besetzt – gönnten sich die versprengten Revolutionäre im Wissen um das bevorstehende Ende einen letzten Leichenschmaus. Alphonse Daudet lieferte, wie schon erwähnt, in seinen

Montagsgeschichten in der Schilderung eines Wärters anschaulichen Bericht über diese letzten Stunden der Kommune: »... und dann ließen sie sich Frauen kommen. Es war ein Feiern und ein Saufen. Die ganze Nacht über. Ach, ich sage Ihnen, unsere Toten haben schon lustige Dinge erlebt ...«

Im Morgengrauen des Pfingstsonntags holten die Truppen Vinoys zum entscheidenden Schlag aus. 147 übernächtigte, erschöpfte und demoralisierte Kommunarden wurden schließlich noch festgenommen, in den ersten Morgenstunden ohne jeden Prozeß an der Friedhofsmauer erschossen und in einem Massengrab beigesetzt. Alljährlich, in der letzten Maiwoche, gleicht der schmale Streifen vor der Mauer einem Blumenmeer.

Während also vorzugsweise, wenn auch nicht ausschließlich, Pilgerströme zu den heroisierten und kaltblütig niedergemetzelten Kommunarden hinziehen, hat das Grab der Piaf das ganze Jahr über Hochkonjunktur (97. Div.). Obwohl es sich bescheiden in einer uniform wirkenden Gräberreihe versteckt, bedarf es keiner Mühe, die Stelle ausfindig zu machen. Die Piaf – das scheinbar respektlose Kürzel wird ja nur wenigen zuteil. Die Garbo, die Dietrich, die Monroe oder eben – die Piaf.

Nein, von keinem Grab aus habe ich die Spur zurück ins Leben länger gezogen. Niemandem bin ich so weit gefolgt wie ihr. Über kein Leben habe ich so viel gelesen. Viel Unwahres wohl auch. Die Biographen der Piaf streiten sich schon seit ihrem Tod über all die Gründe, die dazu geführt haben. Ihren übermäßigen Alkoholgenuß, ihren Drogenmißbrauch, die Folgen ihrer Autounfälle, den nie erlahmenden Streß. Immer und immer wieder bin ich zu diesem unscheinbaren Grab hingegangen, so als hätte ich Antwort finden können auf die vielen Fragen. Ich selbst war zu jung, um auch nur den Versuch zu unternehmen, sie auf der Bühne zu sehen. Paris war damals eine ferne, unentdeckte Stadt für mich. Ich wußte: Da will ich mal hin, da will ich leben und arbeiten, und als sie starb, kümmerliche 48 Jahre alt, nach ihrer spät geschlossenen

Ehe mit dem unbekannten Sänger Theo Sarapo, standesamtlich getraut als Madame Lamboukas – so steht es auch auf ihrem Grabstein –, da hatte ich mir, Schüler damals noch, vorgenommen: Eines Tages, wenn du mal in Paris bist und lebst und arbeitest, dann wirst du dem Leben dieser Frau nachspüren.

Es ist also durchaus beruflich motiviertes Interesse, das mich immer wieder zu diesem Grab hingeführt hat, die Faszination freilich auch, die Biographie eines Menschen zurückzuverfolgen, die, in Teilen jedenfalls, deiner Generation noch bewußt gelesene Schlagzeilen geliefert hat. Was wäre, wenn ... Welche Chansons sind nicht geschrieben, welche Lieder nicht gesungen, welche Filme nicht gedreht und welche Bücher nicht gelesen worden. Seltsam. Da schweifen keine Gedanken ab. Da kommt mir nichts mehr in den Sinn, was vordergründig gar nichts zu tun hat mit dem Grab. Routinearbeit, wenn auch mit Eifer betrieben, hat diesen so oft erlebten koboldhaften Sprüngen einer nicht kontrollierten Phantasie den Riegel vorgeschoben.

Das Grab ist einfach zu populär. Es ist unmöglich, mit ihm allein Zwiesprache zu halten. Du da drinnen, ich da draußen. Das Grab wird immer wieder fotografiert. Von vorne, von hinten, nein, nicht von hinten, da sieht man nichts, von der Seite vielleicht oder von oben. Und es ist, gibt es denn Maßstäbe für Gräber, für Gräber jedenfalls von sogenannten berühmten Menschen, einfach belanglos. So daß die zu Hause später sagen werden: Ach, das also ist das Grab der Piaf. Hätte ich mir aber anders vorgestellt. Hätte sie sich vielleicht auch anders vorgestellt. Hat sich sicher nicht vorstellen wollen, daß nur sieben Jahre später ihr Mann Theo, bei ihrem Tod gerade 27, bei seinem Tod erst 34, ins Grab folgen würde. Und so ist es doch noch ein Familiengrab geworden. Mit ihrem Vater, dem durch die Straßen und auf Jahrmärkte ziehenden Gaukler, und ihrer einzigen Tochter, die an einer zu spät erkannten Krankheit starb, als sie gerade das Laufen gelernt hatte. Angeblich hat man der großen kleingewach senen Piaf ihren letzten (?) Wunsch erfüllt und drei ihrer geliebten Stofftiere in den Sarg gelegt, eine Thérèse von Lisieux, eine von ihr verehrte Heiligenfigur also, und angeblich auch eine Matrosenmütze und das Schulterstück der Uniform eines Legionärs. Reminiszensen an Liebhaber und liebgewordene Chansons, die zu Welterfolgen wurden. Aber das mag auch schon wieder Legende sein. Streit gab es später nicht nur um ihren Nachlaß, wobei das viele verdiente Geld längst mit vollen Händen verschleudert war, Streit gab es sogar um ihren Tod. Denn nicht in ihrer Pariser Wohnung soll sie gestorben sein, sondern im entlegenen Mougins an der Côte d'Azur. Verbürgt ist jedenfalls, daß man den nicht weniger berühmten Jean Cocteau, der sich vor Jahren schon auf sein Schloß Milly in der Nähe von Fontainebleau zurückgezogen hatte, bat, einen Nachruf zu verfassen. Aber Cocteau konnte die Bitte nicht erfüllen. Er starb nur wenige Stunden nach der Piaf.

Wenn es denn gilt, die Toten zu zitieren, die in der sogenannten Blüte ihrer Jahre das Leben verließen, dann muß natürlich auch Modigliani genannt werden, der schöne Amadeo aus Livorno (96. Div.). Aber war es denn ein blühendes Leben? Ein Hungerdasein meist. Im Suff ertränkt, benebelt von den Schwaden des betäubenden Rauschgifts, auf den Zeichenblock dahingekritzelte Prostitution, das später in einer Schublade verschwundene oder im Papierkorb zerknüllte und verlorengegangene Porträt eines eitlen Gönners, der für diese Laune in einem der Cafés am Montparnasse ein Glas Schnaps springen ließ. Ein Glas Schnaps oder ein dürftiges Abendessen für eine Skizze, deren Wert sich nach Modiglianis Tod rasch um das Vielfache steigerte. So soll ein knausriger Kunsthändler, der ein Modigliani-Bild für lumpige 300 Francs nicht kaufen wollte, später unter dem Druck der Nachfrage den hundertfachen (!) Preis geboten haben, aber für das Werk gab es inzwischen bereits ein Kaufangebot von nicht 30 000, sondern 300 000 Francs.

Amadeo Modigliani starb, durch sein exzessives Leben

geschwächt, mit 36 Jahren 1920 an der Tuberkulose. Nur einen Tag später stürzte sich seine Lebensgefährtin aus dem Fenster zu Tode. Nachdem sie zunächst im Vorort Bagneux begraben wurde, hat man ihren Leichnam später an seiner Seite bestattet. Von seinen mehr als tausend Bildern und Zeichnungen sind viele verschwunden und nie mehr aufgetaucht, als achtlos weggeworfene Schuldscheine für ein belegtes Brot oder ein Glas Schnaps.

Daß die spitze Feder eines Journalisten gemeinhin eine stumpfe Waffe ist, gemessen am langen Arm der Vetternwirtschaft, zeigt der Richterspruch nach dem tragischen Todesfall des Victor Noir. Eine Episode, die den Sturz des maroden Zweiten Kaiserreichs gewiß beschleunigte. Der für seine jähzornigen Ausfälle bekannte Cousin des Kaisers, Prinz Pierre Bonaparte, hatte in dem Blatt ›L'Avenir de la Corse‹ (die Zukunft Korsikas) in einem wüsten Pamphlet die mit antimonarchistischen Schreibern durchsetzte Redaktion der Zeitung ›La Revanche‹ verunglimpft. Darauf besann sich deren Pariser Korrespondent auf den vielversprechenden Namen seines Blattes zum einen und zum anderen auf die gute alte Sitte des Duells. Zwei auch nicht gerade kaisertreue Kollegen, Ulrich de Fonvielle und Victor Noir, stellten sich als Sekundanten zur Verfügung und überbrachten am späten Vormittag – die standesübliche Stunde für derlei Aufgaben – das Schreiben ihres Freundes Pascal Grousset mit der Bitte um baldigen Waffengang.

Mag sein, daß der hitzige Prinz durch die republikanischen Sendboten so sehr gereizt wurde, daß er die Nerven verlor, mag sein, daß er die doch weithin bekannten Spielregeln eines Duells mißverstanden hatte – jedenfalls wartete er die von Grousset erbetene Zeremonie gar nicht erst ab, sondern erschoß statt dessen einen der beiden Sekundanten, den 22jährigen Victor Noir.

Die Erregung über diese absolut unübliche Art, ein Duell zu führen, erfaßte nicht nur den Journalistenverband, sondern weite Teile der Bevölkerung. Zigtausende von Demonstranten sammelten sich tags darauf zu einem Protestmarsch auf den Champs-Élysées, und ein spontan ausgerufener Arbeiterstreik signalisierte, wie sehr sich die innenpolitische Lage im Lande bereits zugespitzt hatte. Der schießwütige Kaiservetter mußte sich zwar wenige Wochen später vor Gericht verantworten, fand aber mit seiner Darstellung Gehör, er habe aus Notwehr gehandelt. Der Hinweis der Nebenkläger, Noir sei unbewaffnet gewesen und immerhin gleich von sechs Kugeln niedergestreckt worden, stieß bei den Vertretern der Rechtsfindung auf taube Ohren. Pierre Bonaparte wurde also freigesprochen. Daß das Grab von Victor Noir auf dem Père-Lachaise in den darauffolgenden Jahren ein Hauptanziehungspunkt vor allem für weibliche Besucher wurde, liegt wohl weniger an deren zutiefst republikanischer Gesinnung. Die außerordentlich realistische Darstellung zeigt nämlich – als habe sich der feige Mord gerade eben erst ereignet – das Opfer in horizontaler Lage. Bis auf einen kleinen Unterschied. Daß dem beklagenswerten Journalisten just im Schritt die Hose spannt, liegt wohl weniger an der handwerklichen Unfertigkeit des Schneiders. Eher wird dem auf Detailtreue versessenen Künstler Dalou wohl zu Ohren gekommen sein, daß der

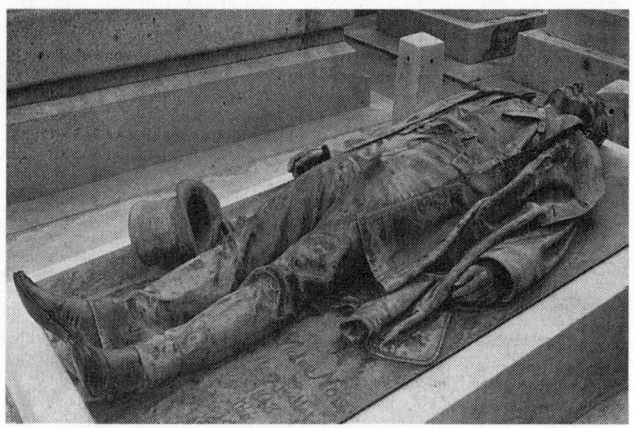

im dynamischen Mannesalter stehende Noir kein Kind von Traurigkeit war.

Alsbald jedenfalls verbreitete sich das Gerücht, daß die Berührung des hervorragenden Grabmerkmals unfruchtbare und auch unbefriedigte Frauen von ihrem Leiden befreien werde. Obwohl dieser Wunderglaube von seriösen Ärzten zumindest auf den erstgenannten Fall bezogen als therapeutischer Fehlschluß angesehen wird, belegt die nahezu blankpolierte Stelle, welch hartnäckige Hoffnung in das Handauflegen gesetzt wurde (92. Div.). Daß durchaus nicht alle Journalisten, vor allem wohl nicht die lebenden, eine magische Anziehungskraft auf Frauen ausüben, beweisen die letzten Worte der berühmten Schauspielerin Sarah Bernhardt (1844–1923). Tagelang schon hatte ganz Paris mit der Nachricht vom Tode der Mimin gerechnet, die bei den Dreharbeiten zu ihrer ersten Filmrolle zusammengebrochen war. Als sie auf dem Totenbett von den vielen Reportern erfuhr, die vor ihrer Wohnung ausharrten, soll sie gesagt haben: »Mein Leben lang haben mich die Herren Journalisten belästigt. Jetzt sollen sie warten!« Wohl nur noch die um 15 Jahre jüngere Italienerin Eleonora Duse errang unter den zeitgenössischen Schauspielerinnen ähnlichen Ruhm. Während die Duse jedoch an ihrer Beziehung zu dem Dichter Gabriele d'Annunzio zerbrach und ihre Popularität nicht bis ins Alter hinüberretten konnte, blieb Sarah Bernhardt ein unermüdliches Energiebündel. Als man ihr im Alter von 71 Jahren ein Bein amputieren mußte, spielte sie eben mit einem Holzbein weiter und dachte auch gar nicht daran, wegen dieser Behinderung ihre Wohnung im fünften Stock zu räumen.

Im Gegensatz zu ihrer leichtlebigen Mutter, die dem zu ihrer Zeit sehr modischen Gewerbe einer Kurtisane nachging, entschied sich die noch jugendliche Sarah für das züchtigere Metier der Nonne. Daß sie nicht im Kloster verschwand, sondern ein weltweit gefeierter Bühnenstar wurde, ist wohl dem bereits erwähnten Herzog von Morny zu danken, dem Halbbruder des Kaisers Napoleon III., der sich, wenn ihm die anstrengenden Staatsgeschäfte Muße ließen, die Zeit mit Sarahs Mutter vertrieb. Der Herzog nämlich verschaffte ihr einen Ausbildungsplatz an der staatlichen Schauspielschule. Schon sehr bald kam die verhinderte Klosterfrau den moralischen Wertvorstellungen der Mutter sehr viel näher. Die Phalanx ihrer Verehrer und Liebhaber ist stattlich, selbst gekrönte Häupter sollen ihr nicht widerstanden haben. Allen voran der Prince of Wales, der spätere britische König Eduard VII. Noch mehr Aufsehen als durch ihre zahllosen Liebesaffären erregte sie aber mit ihren ideenreichen Kapriolen, mit denen sie sich auch dann im Gespräch hielt, wenn sie einmal nicht in fast immer ausverkauften Theatern auf der Bühne stand. So führte sie im Bois de Boulogne, dem Pariser Stadtpark, eine Wildkatze aus und verschreckte damit harmlose Spaziergänger; sie bestieg einen Fesselballon, um sich Paris aus der Luft anzuschauen. Eine besonders bizarre Marotte war ihre Vorliebe für einen mit feinem Tuch ausgeschlagenen Rosenholzsarg, in dem sie es sich zuweilen, soweit dies möglich war, bequem richtete. Daß die munteren Abenteuern selbst noch im reifen Alter stets aufgeschlossene Schauspielerin den Sarg, wenn sich Gelegenheit bot, auch zum beengten Lotterbett machte, ist unter ihren Biographen heftig umstritten. Die Verfechter dieser These verweisen jedoch darauf, daß mancher Günstling in solch ausgefallener Lage von heftigen Irritationen geplagt war.

Dieser Sarg, den sich Sarah Bernhardt bereits 30 Jahre vor ihrem Tod hat anfertigen lassen und der sie zum Teil auf ihren weiten Reisen selbst nach Übersee begleitete, ist heute leider nicht mehr zu besichtigen. Er ist nämlich eingelassen in die Erde des Père-Lachaise. Sarah Bernhardt wurde in ihm bestattet. (44. Div.)

Im November 1991 unterbrachen alle französischen Rundfunksender ihr Programm für eine Eilmeldung: Yves Montand, so der Sprecher mit belegter Stimme, sei gestorben. Ein Herzinfarkt habe ihn bei den Dreharbeiten zu einem neuen Film ereilt. In der Klinik von Senlis bei Paris habe man ihn nicht mehr retten können.

Es war der Tod nicht nur eines der populärsten Chansonniers der vergangenen Jahrzehnte, auch der eines profilierten Schauspielers. Eines zudem politisch stets engagierten, wenn auch unbequem streitbaren Citoyen, den seine Anhänger gedrängt hatten, sich für das Amt des Präsidenten der Republik zu bewerben.

Montand war in der Toskana geboren, aber seine italienischen Eltern flohen vor der faschistischen Diktatur Mussolinis ins französische Marseille. Dort wuchs Ivo Livi – so hieß er mit seinem bürgerlichen Namen – auf, bis er dann in Paris seine Chance suchte.

Und dort entdeckte ihn auch Edith Piaf, die ihn zum Film brachte. In Marcel Carnés »Pforten der Nacht« landete er mit »Feuilles mortes« den toten welken Blättern, einen Welterfolg. Seinen Ruhm als Schauspieler begründete die Rolle des Mario in Clouzots »Lohn der Angst« an der Seite von Peter van Eyck. Er war und blieb der Mann, der sich über Jahrzehnte hinweg nicht verbrauchte. Als Chansonnier, als Komödiant und als Charakter-Darsteller. Er spielte unter der Regie von Costa-Gavras, Lelouch und Godard. Zu seinen Partnerinnen zählten Marylin Monroe und Romy Schneider, Barbra Streisand und natürlich seine Frau Simone Signoret, die er um sechs Jahre überlebte. Mit ihr teilte er auch sein politisches Engagement. Aus dem überzeugten Kommunisten wurde nach dem sowjetischen Einmarsch in Prag und später in Afghanistan ein vehementer Gegner der KP, ein Bannerträger der Menschenrechte. Das Datum seiner Beisetzung fiel auf einen dieser trist-grauen Novembertage. Ich hatte nach hartnäckigem Bemühen Zugang gefunden zu der relativ kleinen Schar Auserwählter, die seinem Sarg folgen durften. Alain Delon war gekommen, Catherine Deneuve, Michèle Morgan undundund – vor den abgesperrten Toren des Père-Lachaise standen schätzungsweise 50 000 Menschen. Ein lebensgroßer Schattenriß aus roten und weißen Blumen schmückte tagelang das Grab, ich beugte mich im Weggehen zur Erde und sammelte im einsetzenden November-Nieselregen ein paar welke Blätter, »des feuilles mortes«.

Ich dachte in diesem Augenblick an einen anderen Herbsttag, der sechs Jahre zurücklag. Auch damals hatte sich eine große Menschenmenge auf Père-Lachaise versammelt, um Simone Signoret zu Grabe zu tragen. Auch sie war ganz plötzlich gestorben, obwohl sie seit langem den Keim einer schweren Krankheit in sich trug. Simone, wie sie von vielen Franzosen in liebevoller Verehrung beim Vornamen genannt wurde, stand selbst nie im Schatten ihres doch so überragenden Ehemanns Yves Montand. Die beiden hatten bereits zu Beginn der 50er Jahre zueinander gefunden, standen erst am Anfang ihrer Karriere.

Simone hatte schon 1947 in einem Film von Yves Allégret (ihrem dann ersten Ehemann) auf sich aufmerksam gemacht, einem düster-pessimistischen Epos des Film noir, in dem sie in der »Schenke zum Vollmond« eine ehrbare Dirne gab. Eine Rolle, die sie auch in Folge wiederholt verkörperte. Nicht zuletzt natürlich in Max Ophüls' Meisterwerk »Der Reigen«. Ihre erste Hauptrolle erhielt sie ein Jahr später unter der Regie von Jacques Becker als »Casque d'or« (»Goldhelm«). Es folgten die Titelrolle in Zolas »Thérèse Raquin«, »Die Teuflischen« von Clouzot und der gemeinsame Auftritt mit Montand in den »Hexen von Salem«. Für ihre Darstellung der Alice in »Room at the Top« (»Der Weg nach oben«) erhielt sie dann den längst verdienten Oscar, die begehrteste Auszeichnung des internationalen Films. Scheinbar mühelos gelang ihr der Übergang ins reifere Rollenfach. Und konsequent damit einher verlief ihr Weg auch ins Privatleben. Souverän meisterte sie die unzähligen Affären Montands, ging an seiner Seite konsequent und glaubhaft den langen Weg von den Illusionen des Kommunismus zu einer flammenden Gegnerschaft jeglichen autoritären Systems. Selbst als die Ehe in den späten achtziger Jahren endgültig zerbrochen war und Simone sich meist nur noch in ihrem Landhaus in der Normandie aufhielt, Montand, in später Liebe entflammt, als Mitsechziger noch einmal Vater werden durfte, riß der Kontakt nie ab.

Rechtzeitig vor ihrem Tod konnte sie noch ihren von der Kritik überschwenglich gefeierten Roman »Adieu Volodja« fertigstellen, eine rund sechshundert Seiten umfassende Bilanz des nachzaristischen Rußlands und des Schicksals nach Frankreich emigrierter Russen. Das Werk trägt stark autobiografische Züge, denn sie selbst, die übrigens in Wiesbaden geboren wurde, entstammt einer russisch-jüdischen Familie.

Montand war es noch gegeben, zu seinen Lebzeiten ihren letzten Wunsch zu erfüllen. Sie hatte darum gebeten, ihr auf die Grabstätte eine der Birken zu pflanzen aus dem Garten vor ihrem Landhaus in Autheuil-Authouillet. (44. Div.)

Bei keinem meiner Spaziergänge über den Père-Lachaise lasse ich ein Grab aus, das geschmückt ist wie kein zweites, nicht nur auf dem Père-Lachaise. Es ist eine blitzsauber gepflegte Ehrenstätte, an der gleichsam rund um die Uhr Totenwache gehalten wird. Daß es den in grauer Vorzeit in der sagenumwobenen Bretagne beheimateten Druiden Allan Kardec beherbergt, macht auf den unbefangenen Besucher eigentlich weniger Eindruck als dessen zu Lebzeiten aufgestellte Behauptung, er zähle zu seinem Mitarbeiterstab neben anderen den Apostel Johannes, Sokrates und den kaum weniger bekannten Napoleon. Das sind immerhin Referenzen. Natürlich hat sich der Druide Kardec in einem späteren Leben einen anderen Namen und einen viel bürgerlicheren Beruf zugelegt, nämlich den eines Lehrers an einem Gymnasium. Dieser Dcnizard-Hippolyte Rivail hatte sich zunächst der vergleichsweise trockenen Materie der Pädagogik gewidmet und stammte aus der Gegend von Lyon, einer Stadt, in der vor allem nüchterne Kaufleute zu Hause sind. Skeptisch und voller Vorbehalte hatte er sich schließlich bereiterklärt, der Einladung zu einer spiritistischen Sitzung zu folgen (»Ich werde erst daran glauben, wenn ich es gesehen habe und wenn man mir bewiesen hat, daß

ein Tisch ein Hirn hat, um zu denken, und Nerven, um zu fühlen«). Aber der gewissenhafte Lehrer hatte seine irdische Rechnung ohne einen gewissen Zephyr gemacht, einen jenseitigen Gesellen, der dem Herrn Rivail sehr bald verdeutlichte, daß er sich künftig um weit ernsthaftere Dinge zu kümmern habe als um das läppische Unterrichtswesen.

Tatsächlich verschrieb sich Rivail alias Kardec fortan

mit Leidenschaft der spiritistischen Wissenschaft und wurde eine ihrer Symbolfiguren. Seine den Spiritismus und die Seelenwanderung verbrämende Lehre (»Man wird geboren, stirbt, wird wiedergeboren und mit jedem Leben vollkommener«) fand eine gläubige Gemeinde vor allem in den tief katholischen Regionen Lateinamerikas und der Karibik, in der jedoch auch heidnischer Zauberglaube stets fruchtbaren Boden gefunden hat. Sein 1859 erschienenes Glaubensbekenntnis mit dem Titel »La vie des esprits« (»Das Leben der Geister«) wurde in einschlägigen Kreisen zum dauerhaften Welterfolg und garantiert heute noch den existenzsichernden Umsatz darauf spezialisierter Buchhandlungen.

Die durch fortgesetzte Streicheleinheiten blitzblank polierte Bronzebüste des tischerückenden Propheten thront unter einem nachempfundenen Menhir, wie es einem echten Druiden gebührt. Fotografieren, so mahnt eine Tafel, ist verboten. Als ich es trotzdem versuche, treffen mich feindselige Blicke. Die Gemeinde fordert Pietät. Joachim Dörr paßt später einen der selteneren Momente ab, in denen das blumenüberflutete Grab sich selbst überlassen bleibt. Manche Gläubige schwören darauf, daß die Büste, will sagen: Kardec selbst, zuweilen Zeichen gebe. Augenzwinkernd gewissermaßen. Uns Ungläubigen gegenüber hat er sich dieses Zeichen aus dem Jenseits verkniffen.

Vielleicht beschränkt er sich auf die geisterhaften Nachtstunden. Ein gewisser James Martin beschrieb in einem nicht zu verifizierenden Augenzeugenbericht im Boulevardblatt ›Le Meilleur‹ am 9. Oktober 1971 eine solche Zeremonie: »Die Anhänger Kardecs recken die Arme zum Himmel. Ein Vogelschrei unterbricht dieses stille Gebet. Jeder der Anwesenden zieht einen Brief aus der Tasche und schickt sich an, ihn mit leiser Stimme vorzulesen. Ein paar Augenblicke lang ist es ein stummes Murmeln, im monotonen Rhythmus einer Litanei. Dann reichen sich die Anwesenden die gerade verlesenen Schreiben einander zu.« In der Folge ist von einer Taube und vergossenem Opferblut die Rede, und da es sich um einen ausführlichen Augenzeugenbericht handelt, auch von seltsamen Riten am Grab der Edith Piaf, das ja so weit nicht entfernt liegt.

Ich habe dergleichen nie gesehen, aber ich habe mich zur Geisterstunde auch nicht auf dem Père-Lachaise eingefunden. Mag sein, daß nämlicher James Martin erlebt hat, was immer wieder behauptet wird, daß der Père-Lachaise und gerade das Grab von Kardec eine Hochburg geheimnisvoller Riten ist. Den auf lichte Tagstunden geeichten Bummelanten mag es kaum berühren. Fotografieren verboten. Wenn doch, gibt's Ärger. Oder zumindest Diskussionen. Das dämpft die Phantasie. Mit den schwarzen Messen auf dem Père-Lachaise ist das so eine Sache. Aber daß sich bei Kardec oder um die Ecke und ganz gewiß bei Jim Morrison nächtens allerlei abspielt, was früher einmal Mummenschanz genannt wurde, steht außer Zweifel.

Geduldiges Verharren am Menhir des Druiden verrät dann doch einiges über seine Anhängerschar. Es sind fast ausschließlich Frauen. Eine gepflegte ältere Dame zieht aus ihrer Handtasche ein zweimal gefaltetes Papier, einen dichtbeschriebenen Zettel, und murmelt mit gleichmäßigem Tonfall, kaum hörbar und deshalb nur schwer verständlich, den Ruf ins Jenseits. Dem dezenten Flüsterton zufolge muß das Jenseits ganz nahe sein. Oder aber der da Angesprochene – es fällt immer wieder der Name Roger – verfügt über ein exzellentes Gehör. Aber die Dame mit dem dicht beschriebenen Zettel wird wohl ihre Erfahrungen haben. Mit einem Mal fühle ich mich ziemlich deplaziert inmitten der höchst disziplinierten Gemeinde. Kein Gedränge, nicht ein lautes Wort. Die alte Dame hat ihren Zettel wieder zusammengefaltet und in die Handtasche gesteckt, dann beugt sie sich ein wenig vor und tastet liebevoll über das arg gelichtete Haupthaar der glänzenden Büste. Unwillkürlich muß ich an Victor Noir denken.

Inzwischen hat eine leicht untersetzte und stark geschminkte Mittvierzigerin Position vor dem verblichenen

Gymnasiallehrer bezogen. Das straff zurückgesteckte tief-schwarze Haar mündet in einen strengen Knoten und streift ein paar übergroße violette Ohrclips. Die vollen, prallroten Lippen bewegen sich, ohne Laut zu geben. Kein Zweifel, die Dame heißt Dolores oder Maria dos Santos oder so ähnlich. Auch Rodriguez oder Lopez kommen noch in Frage. Im Vorleben, ohne Herrn Kardec ins spiritistische Handwerk pfuschen zu wollen, muß sie die Carmen gewesen sein. Wahrscheinlich hat sie vor der Audienz beim großen Meister bei Georges Bizet, ein paar hundert Meter entfernt, ein schmuckes Gebinde hinterlegt. Ich werde es später überprüfen.

Zu weiteren diesseitigen und schamlos stupiden Reflexionen komme ich nicht, denn nach Dolores Rodriguez, die gerade den Bronzekopf mit beiden schmuckbehangenen Händen fest umfaßt hat, so daß es einen Augenblick lang den Anschein hatte, sie wolle ihm das Lippenrot auf die hohe Stirn drücken, nach Señora Rodriguez also bin ich selbst an der Reihe. Der Fluchtweg ist mir abgeschnitten, es wäre auch zu kläglich, nun in stammelnder Röte zurückzutreten und mich auf dem engen Pfad an den gesammelt wartenden Damen zum Ausgang zu drängen. Es ist mir ein bißchen wie damals mit der Königin. Keine Zeit für Lampenfieber, da stehst du nun, wohin nur mit den Händen, aber Königinnen sind Menschen, vor allem, wenn sie keine Krone, sondern einen Hut auf dem Kopf haben, mit Königinnen kann man reden. Hic Kardec, hic ora. Ich blicke ihm also gefaßt ins Auge, aber es bewegt sich nichts. Von wegen Augenzwinkern und so. Wahrscheinlich straft er mich mit gebührender Mißachtung, weil ich ein ungläubiger Spion bin und unbotmäßige Spekulationen über Señora Rodriguez angestellt habe. Du Dummkopf, denkt er sich vielleicht, wie kannst du wissen, daß diese aus dem brasilianischen Recife angereiste Bankiersgattin vormals eine kesse Bauernmagd im Baskenland war. Nein, das habe ich natürlich nicht gewußt. Aber ich weiß, und damit ist auch meine Schweigeminute verstrichen, daß Herrn Kardec der Schlag getroffen hat, als er dahinterkam, daß er von seinem Medium jahrelang schnöde getäuscht worden war. Zumindest habe ich das gelesen, und so wird es wohl gewesen sein. Als ich Herrn Kardec den Gläubigen überlasse und mich davonstehlen will, tritt ein junger Mann auf mich zu und fragt, ob ich an diesen Humbug glaube, wie er es abfällig nennt. Im ersten Moment denke ich, es sei der Kassenwart der Pariser Sektion, der bei dieser Gelegenheit den rückständigen Jahresbeitrag eintreiben wolle. Aber es stellt sich heraus, daß er überzeugter Anhänger einer weniger geheimnisvollen Sekte ist und mit mir über den Sinn des Lebens oder ein in diese Richtung zielendes leicht faßliches Thema diskutieren will. Ich muß ihn enttäuschen, Apollinaire wartet bereits.

Das Grab des in Rom geborenen Dichters bedeckt eine Marmorplatte, auf der Verse Apollinaires festgehalten sind.

»… manchesmal habe ich es abgewogen, selbst das unwägbare Leben. Lächelnd kann ich sterben …« Wilhelm Apollinaris de Kostrowitsky, der sich Guillaume Apollinaire nannte, war als französischer Soldat an der Kriegsfront schwer verletzt worden. Er erholte sich zwar von seinen Blessuren, aber wenige Wochen vor Kriegsende erkrankte er an der damals weit verbreiteten Spanischen Grippe. Während auf den Straßen schon Böllerschüsse abgefeuert und die Siegesfeiern vorbereitet wurden, starb Apollinaire, nur 38 Jahre alt, in seiner Wohnung am Boulevard St. Germain. Seine Frau Jacqueline, die er erst ein Jahr zuvor geheiratet hatte, überlebte ihn ein halbes Jahrhundert. 1967 wurde sie im gleichen Grab beigesetzt. Auf einem herzförmigen Kalligramm ist zu lesen: »Mein Herz gleicht verloschener Glut« (86. Div.).

Von all den bisher beschriebenen Toten auf den Pariser Friedhöfen, der Gedanke kommt mir, als ich den Chemin Delavigne hinabgehe, ist eigentlich kaum einer am Tatbestand der sogenannten Altersschwäche gestorben. Die Tuberkulose hat sie dahingerafft und häufig genug die Syphilis, was zum einen auf die noch unterentwickelte

Therapiekunst, zum anderen aber auch auf ein wechsel-
volles Intimleben schließen läßt. Verarmt und verhärmt
und durch jahrelange Entbehrungen geschwächt sind sie
zugrundegegangen, der eine oder andere fiel einer verirr-
ten oder einer gezielt abgefeuerten Kugel zum Opfer, das
Rauschgift hat ihren Körper geschwächt, und manche
haben sich, dem Alkohol verfallen, schlicht totgesoffen.

Letztgenannte Leidenschaft hat sicher auch Honoré de
Balzac ein frühzeitiges Ende bereitet. Allerdings dürfte er
der einzige sein, der wohl dem Kaffee zum Opfer gefallen
ist. Sein Herzleiden, das ihn nur 51 Jahre alt werden ließ,
kam sicher nicht von ungefähr. Balzac war bei geringer
Körpergröße viel zu dick. Er aß unregelmäßig, aber, wenn
ihn die Lust dazu packte, im Übermaß. Er machte den Tag
zur Nacht und die Nacht zum Tag. Eine kinderreiche und
deshalb lärmende Arbeiterfamilie raubte ihm in seinem
Domizil in der Rue Raynouard, wo er eigentlich nur ein
paar Monate bleiben wollte, dann aber sechs Jahre blieb
und wo die meisten seiner Werke entstanden, die nötige
Schaffenskraft, so daß er um Mitternacht oder gegen zwei
Uhr aufstand, nach nur wenigen Stunden Schlaf, und
dann bis in den Morgen hinein arbeitete. Während dieser
Zeit soll er Dutzende von Tassen des geliebten Kaffees in
sich hineingeschüttet haben. Er ließ auch nicht von dieser Gewohnheit, als sein angegriffener Magen längst re-
bellierte. Als er im März 1850 endlich die verwitwete Gräfin Evelina Hanska heiratete, mit der er sein halbes Leben
in Beziehung gestanden hatte, und als er dann, schon als
todkranker Mann, in der damaligen Rue Fortunée, die
heute, unweit der Champs-Élysées, seinen Namen trägt,
ein Haus erwarb, da blieben ihm nur noch drei Monate.
Er grämte sich über das nicht mehr zu bezwingende Fie-
ber, das ihn plagte und das seine Kraft lähmte, aber am
19. August starb er. Victor Hugo und Alexandre Dumas
geleiteten den Trauerzug in die Kirche St. Philippe du
Roule, ein Gotteshaus, das bis heute von höchster Reputation ist, wenn es gilt, den angemessenen Rahmen für
ein festliches Ereignis in der Familie zu finden. Die erneut

né à Tours
le 20 mai 1799

Honoré
de BALZAC

142

verwitwete Gräfin Hanska überlebte Balzac noch um rund drei Jahrzehnte und wurde dann neben ihm beigesetzt (48. Div.).

Wenn man den Weg noch weiter hinabgeht, stößt man am Grab Thiers auf den terrassenartigen Vorplatz, auf dem Balzac in seinem ›Père Goriot‹, den Rastignac mit stolzem Blick auf die Stadt ausrufen läßt: »A nous deux maintenant! (und nun zu uns beiden!)«. Damit meinte Rastignac sich selbst und Paris.

Balzac gleich gegenüber, unbeachtet von den meisten Besuchern, ruht der Dichter Gérard de Nerval. Lediglich die schlanke Säule am Kopf des Grabes trägt seinen Namen. Auf der Grabplatte ist der Name eines Freundes, des Journalisten Coligny, vermerkt (49. Div.). Der Arztsohn Gérard Labrunie, der sich später de Nerval nannte, mehr Einzelgänger als fröhlicher Zechkumpan im Kreis seiner Schriftstellerkollegen, hatte einem bekannten Gegenüber einmal die Empfehlung ausgesprochen: »Sie sollten streng darauf achten, im liegenden Zustand zu sterben.« Er selbst hielt sich nicht an diesen Rat. Am Morgen des 26. Januar 1855 fanden ihn Passanten mit einem Strick um den Hals. Er hatte sich in der Nacht am Gitter eines Toilettenfensters erhängt.

In seinen letzten Lebensjahren war er immer wunderlicher geworden. Ruhelos und nächtelang durchstreifte er die vielen kleinen belebten Gassen des Hallenviertels, das vor dem großen Kahlschlag während der Ära Pompidou bereits in der Zeit des bau- und sanierungswütigen Barons Haussmann ganzer Straßenzüge verlustig ging.

An der Stelle, an der sich Nerval erhängte, steht das Théâtre de la Ville. Dort ist auch eine Gedenktafel angebracht. Wenn Nerval sich in seiner ihn peinigenden Einsamkeit in den Kneipen der ihm vertrauten Gegend nicht dem Suff hingab, fiel er, von seiner Umgebung immer mehr belächelt, durch schrullige Eskapaden auf. So soll er einmal einen Hummer im Garten des Palais Royal spazierengeführt und neugierigen Fragestellern als Begründung für diesen eigenartigen Weggenossen gegeben haben, das

143

Schalentier genieße immerhin den Vorzug, nicht zu bellen und die Passanten auch nicht zu belästigen. Eine verblüffende, aber kaum widerlegbare Erklärung.

In jungen Jahren galt Nerval als eines der großen Talente der französischen Literatur. Gewissenhaft und mit großer Einfühlungsgabe hatte er den Faust ins Französische übersetzt, was den damals schon fast 80jährigen Goethe zu dem Lob veranlaßte, er könne seinen Faust eigentlich nicht mehr lesen, aber in der französischen Version bereite ihm die Lektüre neuen Spaß. Jahre später machte sich Nerval dann zusammen mit Gautier an die Übersetzung von Werken Heinrich Heines, dem er bis zum Tod der vielleicht treueste Freund geblieben ist. Aber immer häufiger quälten den zunehmend auch vom Alkoholgenuß zerrütteten Nerval, der nie darüber hinweggekommen war, daß ihn seine große Liebe, die Schauspielerin Jenny Colon, nicht erhört hatte, Wahnvorstellungen. Wieder und wieder mußte er Kliniken aufsuchen, und er hätte sein Leben wohl auch in einer Heilanstalt beschlossen, hätte er sich nicht in jener Januarnacht aufgeknüpft, mit einem Strick, den er kurz zuvor noch belustigten Freunden als den Gürtel einer Geliebten präsentiert hatte.

Der französische Maler Eugène Delacroix (1798–1863), ein Zeitgenosse Nervals, erntete ebenfalls Komplimente des greisen Goethe, nachdem er sowohl den Faust als auch den Götz illustriert hatte. Delacroix, der sich als erster entschieden vom damals üblichen klassizistischen Stil ab- und der Romantik zuwandte, zählte wie so viele andere zum Dunstkreis der George Sand, die er ebenso wie Chopin porträtierte und die ihm im heimischen Nohant ein Atelier einrichtete. Er vermachte ihr viele seiner Bilder, die sie allerdings, vorübergehend in Geldnöte geraten, zum großen Teil wieder verkaufte. Sein letztes Atelier an der pittoresken Place de Furstemberg ist heute als Museum zugänglich. Seine auffallende Ähnlichkeit mit Talleyrand hat die Gerüchte nie verstummen lassen, die wissen wollten, daß er ein unehelicher Sohn des in mehreren Regimen erfolgreichen Außenministers war.

Frühzeitig bestimmte Delacroix, wie sein Grab auszusehen habe. »Mein Grab«, so hatte er verfügt, »wird sich auf dem Père-Lachaise befinden. Auf der Anhöhe, an einer ein wenig abseits gelegenen Stelle. Es wird dort weder ein Emblem angebracht noch eine Büste oder eine Statue.« Und so ist es geschehen (49. Div.).

Und noch einmal Goethe, dessen Wohlwollen gegenüber der Gräfin Marie Catherine d'Agoult weniger beruflicher als privater Natur war. Immerhin verband sie die gemeinsame Heimatstadt. Die Mutter der späteren Gräfin war die Frankfurter Bankierstochter Marie Bethmann. Nach ihrer Übersiedlung nach Paris führte Marie d'Agoult einen der beliebtesten Salons, in dem freilich – im Gegensatz zu anderen Konkurrenzunternehmen – weniger die Literatur als die Musik den Ton angab. Chopin, Rossini und Meyerbeer waren dort häufig zu Gast. Vor allem aber Franz Liszt, dessentwegen sich die Gräfin vom Grafen trennte und dem sie drei Kinder gebar. Die zweite Tochter erhielt den hübschen Namen Cosima und wurde nach einer ersten Ehe mit dem Kapellmeister und Pianisten Hans von Bülow die Frau Richard Wagners. Der in Herzensdingen unstete Franz Liszt verließ sie aber und bändelte, bevor er aus Paris endgültig abreiste, da ihn der Ruf nach Weimar erreicht hatte, im weniger intellektuell angelegten Salon der Alphonsine Plessis mit der Hausherrin an. Die düpierte Gräfin besann sich fortan unter dem männlichen Pseudonym Daniel Stern auf ihre literarischen Fähigkeiten und zahlte es dem treulosen Vater ihrer drei Kinder in einem deutlich autobiografischen Roman herzhaft heim. Dem Ruhm des längst entschwundenen Franz Liszt hat das mit spitzer Feder verfaßte Rachestück jedoch keinen Abbruch getan (54. Div.).

Davon, daß zur Popularisierung des anfangs wenig geachteten Friedhofs weithin geachtete Tote auf den Père-Lachaise umgebettet wurden, war schon die Rede. Auch der im 18. Jahrhundert brillierende Star der Comédie Française, Claire-Josèphe Clairon (1723–1803), mußte sich diesen postumen Umzug gefallen lassen. Die vormals nur in der tiefen Provinz eingesetzte Opernsoubrette glänzte aber auf Anhieb in der anspruchsvollen Rolle der Phädra von Racine und wurde zum gefeierten Glanzlicht der Pariser Bühnen. Aber das höfisch-intrigante Paris, in Rankünen geübt, vertrieb sie schließlich aus der Hauptstadt. Da sie in die Provinz nicht zurückkehren wollte, nahm sie einen Ruf an das entlegene Hoftheater in Ansbach an und verbrachte lange Jahre im deutschen Nachbarland. Der sie bewundernde Voltaire hatte ihr diesen Weg geebnet. Als sie schließlich nach Paris zurückkam, beschränkte sie sich auf die Ausbildung nachrückender Talente und verfaßte ihre Memoiren.

Da sie sich in neuerliche Affären nicht verstricken lassen wollte, lehnte sie das begehrliche Ansinnen eines bretonischen Reedersohns, sie zu ehelichen, ebenso strikt ab wie dessen Wünsche, ihm wenigstens in seinen letzten Stunden Gesellschaft zu leisten. Des Reeders Fluch, er werde sie über seinen Tod hinaus heimsuchen, hat ihr, zeitgenössischen Berichten zufolge, jahrelang den Schlaf geraubt. Auch nachdem sie, im seinerzeit stattlichen Alter von 80 Jahren, starb, fand sie noch keine Ruhe. Der kleine Friedhof, auf dem sie bestattet wurde, ist aufgelassen worden, und etliche Jahre nach ihrem Tod wurde sie auf den Père-Lachaise gebracht (20. Div.).

Nach so vielen Vertretern der schönen Künste nun aber wieder zu einem handfesteren Gewerbe. Der Pariser Arzt Joseph Ignace Guillotin besann sich bereits in den Anfangstagen der Revolution, die ihm einen Sitz in den Generalständen eingebracht hatte, auf die Notwendigkeit, die unweigerlich bevorstehenden Todesurteile in ihrer Durchführung zu harmonisieren. Da der elektrische Stuhl noch längst nicht erfunden war und Guillotins Humanismus sich gegen die Vorstellung sträubte, die Verurteilten an die Wand zu stellen und über den Haufen zu schießen (das geschilderte Beispiel der Kommunarden beweist, daß man in späteren Zeiten zu dieser bequemeren Form der Schnelljustiz zurückfand), da auch die mittelalterliche Maßnahme der Vierteilung nicht mehr zeitgemäß erschien, brachte der vorausschauende Arzt einen Gesetzesantrag ein, der nach dem Egalitätsprinzip in der Forderung gipfelte: Gleicher Tod für alle! Zudem sollte der Tod – Revolutionäre sind auch Menschen – rasch und möglichst schmerzlos herbeigeführt werden. Dr. Guillotin dachte dabei an einen Mechanismus, den er ein wenig hölzern ›Philanthropische Enthauptungsmaschine‹ nannte.

Das beeindruckte die gesetzgebende Versammlung so sehr, daß sie dem Begehren nicht nur einmütig zustimmte, sondern den Antragsteller auch mit dem Bau dieses Geräts beauftragte. Schließlich hatte Guillotin selbstbewußt versprochen, sein noch zu konstruierendes Instrument werde eine so frappierende Wirkung haben, daß der Delinquent gar nicht recht merke, daß ihm soeben der Kopf abgeschlagen worden sei.

Auf der Suche nach einem gediegenen Vertreter verläßlicher Handwerkskunst stieß Guillotin auf einen Schreinermeister mit dem nicht sehr französischen Namen Tobias Schmidt, einen eingewanderten Deutschen, der bereits im Auftrag des Komponisten Christoph Willibald Gluck zur vollen Zufriedenheit Tasteninstrumente hergestellt hatte. Schmidt, der seine Werkstatt übrigens in der Cour du Commerce St. André hatte, der gleichen Gasse, in der auch der Revolutionär Marat seine Zeitung ›L'Ami du Peuple‹ herausgab, nahm die Herausforderung an und verfertigte nach den Entwürfen Guillotins eben jenes Gerät, das dann blutige Geschichte machen sollte und dessen Erfindung nicht ganz zu Recht allein dem Arzt zugeschrieben wurde. Undenkbar freilich, daß man fortan von der Schmidtine statt von der Guillotine gesprochen hätte.

Im Frühjahr 1792 wurde das Fallbeil in der Cour de Commerce erstmals an einem Hammel ausprobiert, dem somit ersten und ganz gewiß unschuldigen Opfer des revolutionären Tötungsapparats. In rascher Folge wurden weitere Probeenthauptungen vorgenommen – erst an Leichen, dann, und nun auch öffentlich, an einem schlichten Straßenräuber. Die Menge war begeistert – keine Frage, die Erfindung hatte Paris im Sturm erobert.

In den folgenden Jahren wurde die Liste der Opfer, wie bekannt, immer prominenter.

Aus dieser Zeit stammt dann wohl auch die alte Redensart, nach der Handwerk goldenen Boden habe. Die Nachfrage aus den Départements in der Provinz war enorm, und der neue Produktionszweig des Herrn Schmidt wurde ein Riesengeschäft. Je reicher er aber wurde, um so mehr plagte ihn das schlechte Gewissen. Er ergab sich schließlich dem vergessenmachenden Trunk und starb in geistiger Umnachtung. Dem kühl kalkulierenden Dr. Guillotin blieb dieses Los erspart, sogar die schicksalshafte Pointe, durch die ihm zugeschriebene Maschine selbst kopflos zu werden. Dr. Guillotin starb 1814, als sich die Wirren der Revolution längst gelegt hatten, und liegt nun friedlich auf dem Père-Lachaise (19. Div.). Daß die Guillotine auch in der Folgezeit von derben deutschstämmigen Händen bedient wurde, ist in einem anderen Kapitel beschrieben (siehe Montmartre).

Der Chemin Molière et La Fontaine führt nun den Weg hinauf zum wahrlich legendären Doppelgrab dieser beiden Symbolfiguren der französischen Literatur. Denn daß dort die wenigen sterblichen Überreste des Jean de La Fontaine begraben liegen, ist wohl ebenso sehr eine Fabel wie die Behauptung, daß man zielsicher die Gebeine des Jean-Baptiste Poquelin alias Molière aus dem Kirchhof von Saint-Eustache ausgegraben hätte. Während bei La Fontaine bereits zweifelhaft ist, ob er nicht während der Spanne zwischen dem Zeitpunkt seiner Grablegung und der Überführung zum Père-Lachaise schon einmal umgebettet wurde, ist der Fall Molière von nicht weniger Geheimnissen umgeben. Sein spektakuläres Ende – er stirbt wenige Stunden nach der Darstellung des eingebildeten Kranken – war eines Komödienschreibers würdig. Was folgte, war ein Trauerspiel. Der einflußreiche Adel und die nicht weniger mächtige Geistlichkeit wollten dem verhaßten Gesellschaftskritiker ein kirchliches Begräbnis verweigern. Erst eine ›dringende Empfehlung‹ des Königs bewog den ergrimmten Erzbischof von Paris zu einer

Kompromißlösung. Molière erhielt den mit dünnen Lippen gesprochenen Segen der Kirche – aber unter Ausschluß der Öffentlichkeit und ohne jede pompöse Begleitzeremonie.

Schon bald nach der kargen Bestattung kam das Gerücht auf, man habe Molière wieder ausgegraben und in ein Massengrab geworfen. Wer da also knapp eineinhalb Jahrhunderte später am 6. März 1817 in einem Sarkophag zum Père-Lachaise gebracht wurde, wird nie mehr zu klären sein. Molière und La Fontaine oder ihren Stellvertretern hat man ein kleines eingezäuntes Areal reserviert, das zumindest den Hauch der Illusion läßt, hier und nicht, was wahrscheinlicher ist, in den Katakomben könnten sie liegen (25. Div.).

Auf der anderen Seite des Weges stehen einige Totenkapellen eng beieinander. Verdeckt, ein wenig abseits und fast schon zugemauert fällt dort Alphonse Daudet langsam dem Vergessen anheim. Anders läßt sich der betrübliche Zustand der Grabstätte nicht erklären. Es stimmt

einen, je nach Einstellung, ein wenig traurig oder zornig oder beides zugleich, wie manche Gedenkstätten verrotten. Die Tür zur Kapelle ist angelehnt, vor Jahren vielleicht aufgebrochen, drinnen hat sich allerlei Unrat angesammelt. Das Fenster gähnt Leere, bis auf ein paar Scherben, die der Rahmen mühsam noch hält. Im Winkel der Außenwand verwittert das steinerne Porträt des Schriftstellers. Über die Stirn und die linke Wange ziehen sich schmutziggraue Streifen. Unter seinem Namen sind all seine Werke aufgelistet. Von den »Königen im Exil« bis zum »Tartarin aus Tarascon«, einer herzhaft komischen Spottgeschichte über eine aufgeblasene Dorfgröße, mehrfach verfilmt und eines der meistgelesenen Bücher seiner Zeit. Aber das Tarascon hinter dem Tartarin hat der Regen mit der Zeit aus dem Stein herausgewaschen. Sein eingemeißeltes Werk wird immer mehr zum Fragment.

Obwohl Daudet schon früh nach Paris kam, spielen viele seiner Erzählungen in der Heimat der Provence. Vor einiger Zeit sind wir wieder einmal zur berühmten Windmühle gefahren, die auf einem kleinen Hügel vor der Kleinstadt Fontvieille steht. Zwar hat er seine »Lettres de mon moulin« (»Briefe aus meiner Mühle«) wohl nicht dort selbst geschrieben, sondern im Haus von Freunden im nahegelegenen Ort, oder auch in Paris, und die Suche von Isabelle nach der Ziege des Monsieur Seguin verlief natürlich ergebnislos. Aber obwohl er nicht die literarische Größe seines im selben Jahr wie er geborenen Freundes Emile Zola erreichte und auch mit Stendhal und natürlich Balzac nicht auf eine Stufe gestellt wird, ist Daudet auch heute noch zu den vielgelesenen Erzählern aus dem vergangenen Jahrhundert zu rechnen.

Die Briefe aus der Mühle zum Beispiel gehören zur Pflichtlektüre schon der französischen Grundschule. Das alles macht ihn natürlich viel unsterblicher als seine heruntergekommene Grabstätte. Aber der umsorgte Nachlaß entschuldigt sicher nicht die Nachlässigkeit. Der Grab-Fall Daudet ist nicht die Regel, aber auch nicht die einzige Ausnahme.

Die in weißes Leichentuch verhüllte Trauernde ist die Frau des
Chemikers François Raspail (1794–1878), eines unbeirrt republi-
kanisch gesinnten Oppositionellen zur Zeit der Restauration
und des Bürgerkönigtums. Raspail war auf Grund politischer
Überzeugungen wiederholt eingekerkert worden (18. Div.).

Daudet zählte zum Zeitpunkt seines Todes durchaus zur etablierten literarischen Szene. Neben Zola geleiteten ihn auch Anatole France und Marcel Proust zum Père-Lachaise, nach einer Trauerfeier unter den Klängen der »Arlesienne« in der Kirche Sainte-Clotilde, ganz in der Nähe des Invalidendoms. Proust unterhielt zu dieser Zeit schon intime Beziehungen zu Daudets noch minderjährigem zweiten Sohn Lucien, der sich später Cocteau zuwandte.

Daudets erstgeborenen Sohn Léon, der vorübergehend mit einer Enkelin Victor Hugos verheiratet war, trieb es dagegen in die Politik. Zusammen mit Charles Maurras begründete er die rechtsextreme ›Action Française‹, und Philippe Daudet schließlich, der Enkel, der keine 200 Meter vom Großvater entfernt begraben liegt (41. Div.), sorgte mit dem mysteriösen Attentat, das 1923 auf dem Boulevard Magenta auf ihn verübt wurde, jahrelang für Schlagzeilen.

Am Chemin Saint Louis vorbei – dort liegt der Begründer des sogenannten ›Utopischen Sozialismus‹, Saint Simon (1760–1825), in mancher Hinsicht Vorläufer der Ideen von Karl Marx, aber Befürworter der These des Rechts auf Privateigentum – zum Chemin Masséna. Dort ruhen, dicht beieinander, die Comtesse de Noailles, Béranger und Beaumarchais. Anne-Elisabeth de Noailles (1876–1933), Tochter einer Griechin aus Kreta und eines rumänischen Fürsten, erzogen in der Obhut deutscher Kindermädchen aus dem Rheinland, heiratete in jungen Jahren als Prinzessin Bibesco de Brancovan, einen Abkömmling des alten französischen Adelsgeschlechtes de Noailles. Marcel Proust nahm die Schriftstellerin in seinem Roman »Jean Santeuil« zum Vorbild der Vicomtesse Gaspard de Réveillon (28. Div.).

Von Anne de Noailles stammt der hübsche Vers, der sich schöner nicht auf einem Grab denken läßt: »Sterben, um der Erde noch näher zu sein«. Jean Pierre de Béranger (1780–1857) ist da schon von volkstümlicherer Art. Sein Vater war kein Schriftsteller, sondern Schriftsetzer.

Und um seine Familie über Wasser zu halten, verdingte er sich dazu als Kellner. Sein Sohn verbrachte die Kinderjahre in der Schneiderwerkstatt seines Großvaters, dann die Jugend bei einer Tante, die eine Herberge führte. Das mag ihn wohl zu seinen frisch-frechen Versen inspiriert haben, mit denen er vor allem den während der Revolutionsära ins Ausland geflohenen und nun, in der Restauration, heimgekehrten Adel aufs Korn nahm. Die Gäste in der Kneipe krümmten sich vor Lachen, der höfische Geheimdienst fand die Gedichte, die alsbald vertont und echte Gassenhauer wurden, weit weniger lustig. Béranger wurde 1828 wegen Beleidigung der königlichen Regierung zu neun Monaten Gefängnis und der saftigen Geldstrafe von 10 000 Francs verurteilt. In wenigen Tagen hatten Freunde und Sympathisanten die enorme Summe beisammen. Zur Popularität des Barden trug bei, daß er selbst dann, als ihn seine Gönner mit Ehrungen überhäufen wollten und ihm ein finanziell sorgenfreies Leben ermöglichten, stets bescheiden blieb. Mit 77 Jahren starb er in einer Dachwohnung in der Straße, die heute seinen Namen trägt. Mit dem Leichenwagen der Armen wollte er auf den Friedhof hinausgefahren werden, aber daraus wurde nichts. Napoleon III. ordnete für den allseits beliebten Béranger, der wohl als Wegbereiter des modernen französischen Chansons gelten kann, ein Staatsbegräbnis an (28. Div.).

Und schließlich Beaumarchais, eine der schillerndsten und faszinierendsten Gestalten in der Grauzone zwischen dem ›Ancien Régime‹ und der Revolution. Als 1897, fast hundert Jahre nach seinem Tod, in der Rue Saint-Antoine zu seinen Ehren ein Bronzestandbild errichtet wurde, da traf ein Sekretär des Pariser Gemeinderats den Nagel auf den Kopf: »Dieses Denkmal ist weder dem Frischgeadelten, noch dem Finanzmann, noch dem Geheimagenten errichtet worden. Es gilt dem Vater Figaros, dem ruhmreichen Schriftsteller und Rächer der Unterdrückten, dem Vorläufer der Französischen Revolution.«

Das war's wohl. Beaumarchais hatte meist die Nase im

Wind. Als viertes von zehn Kindern eines Uhrmachers geboren – kein Stand, der damals eine steile Karriere versprach –, arrangierte er sich sehr schnell im Dunstkreis von Versailles, noch unter Ludwig XV., und delektierte die gelangweilte Gesellschaft mit ebenso harmlosen wie unterhaltsamen Boulevardstücken. Ernsthafterer Natur war schon seine Textvorlage zum »Barbier von Sevilla«, und den Durchbruch schaffte er mit dem überragenden Erfolg der »Hochzeit des Figaro«. Dies brachte ihm, nicht einmal zu Unrecht, den Ruf ein, pointierte Gesellschaftskritik betrieben zu haben, so daß er den scharfen Einschnitt der Revolution mühelos überstand. Zunächst jedenfalls. Daß er sich, kühl kalkulierend, über die Heirat mit der Witwe eines Hofbeamten, die praktischerweise bald starb, was seinem ausschweifenden Privatleben zugute kam, bei passender Gelegenheit einen zweifelhaften Adelstitel gesichert hatte, geriet ihm zunächst nicht zum Nachteil.

Aber seine unersättliche Geschäftstüchtigkeit, vor allem seine dubiosen Waffengeschäfte, die Auswirkungen selbst auf den amerikanischen Unabhängigkeitskrieg hatten, machten ihn den Puristen der Revolution zunehmend verdächtig.

Als auch noch ruchbar wurde, daß er sich im einträglichen internationalen Sklavenhandel engagiert und mit dem prachtvollen Bau eines hochherrschaftlichen Sitzes am später nach ihm benannten Boulevard Neid erregt hatte, warf man ihn kurzerhand ins Gefängnis.

Beaumarchais wurde zwar mangels Beweisen für das unrechtmäßige Tun wieder freigelassen, aber sicherheitshalber setzte er sich erst einmal ins Ausland ab, nach England, dann in die Niederlande, und schließlich bezog er im Exil eine kümmerliche Dachwohnung in Hamburg. Als er 1796 nach der Schreckensherrschaft ins heimatliche Paris zurückkehrte, wollte nichts mehr so werden, wie es einmal war. Seine Wohnung war geplündert, sein prorevolutionärer Ruf in Vergessenheit geraten. Drei Jahre später traf den mittlerweile 67jährigen der Schlag. Seinem Wunsch gemäß hat man ihn zunächst im Park seiner Villa bestattet, die später abgerissen wurde. Aber das bekamen nicht einmal mehr seine im Park ruhenden Überreste mit. Die waren vier Jahre zuvor auf den Père-Lachaise überführt worden. »Beaumarchais«, so urteilte Ludwig Börne später, »gehörte zum Salz seiner Zeit« (28. Div.).

Ludwig Börne selbst ist, nur wenige Schritte entfernt, in der 19. Division begraben. Ihm verdanken wir in seinen »Pariser Briefen« ein überaus anschauliches, wenn auch sehr subjektiv geratenes Bild der französischen Hauptstadt während der Zeit der Restauration. Der in Frankfurt geborene Bankierssohn tat sich anfangs nicht leicht, sich in Paris heimisch zu fühlen. Seine Eingewöhnungsschwierigkeiten linderte aber die Frau eines Freundes, die ihn wohl auch dazu bewog, in seinen letzten sieben Lebensjahren wieder nach Paris zurückzukehren. Börne (1786–1837) ist einer der wenigen Deutschen, die auf einem Pariser Friedhof beigesetzt wurden (19. Div.).

Der Blick auf Börnes Grab soll das tragische Schicksal des Marschalls Ney nicht vergessen lassen, der dem hochgelobten Balladenschreiber Béranger gegenüber seine Ruhestätte gefunden hat. Oder auch nicht. Napoleons wohl treuester Gefolgsmann schlug sich nach der Rückkehr des Kaisers von der Insel Elba gleich wieder auf seine Seite, sein nach dem Debakel von Waterloo vorbereiteter Fluchtweg in die Schweiz aber war ihm versperrt. Die nur kurzfristig verjagten alten Machthaber forderten seinen Kopf, und so wurde er – so die offizielle Geschichtsschreibung – 1815 am Kreuzpunkt des Boulevard Montparnasse und des Boulevard St. Michel standrechtlich erschossen. Mit einem tapferen Abschiedswort auf den Lippen, wie es sich für einen Marschall gehört. So weit, so gut. Oder nicht gut. 1853 wurde ihm zu Ehren ein Denkmal enthüllt, er selbst hatte längst sein Grab auf dem Père-Lachaise gefunden. Bei Restaurationsarbeiten aber, 1903, fand man seinen Sarg leer.

Und damit erhielten hartnäckige Gerüchte Aufwind, nach denen die Hinrichtung nur simuliert worden war. Angeblich gehörte der alte Haudegen dem Freimaurerorden an, und dies soll ihm einen – öffentlich natürlich nicht eingestandenen – Gnadenerweis eingetragen haben. Um die atemberaubende Geschichte zu Ende zu führen: Der in aller Stille begnadigte Marschall Ney hat sich über den Hafen Bordeaux in die Vereinigten Staaten davongemacht, wo er noch fast 30 Jahre lang den Posten eines Lehrers eingenommen haben soll. Zumindest wurde im Staat South Carolina ein Pädagoge gesichtet, der – so wird berichtet – eine auffallende Ähnlichkeit mit dem in Paris angeblich hingerichteten hatte und Peter Stuart Ney hieß. Die Herren Molière und La Fontaine hätten – postum natürlich – an dieser abenteuerlichen Geschichte sicher ihren hellen Spaß gehabt, wenn denn Gerüchte im Reich der Toten einen Nährboden besitzen (29. Div.).

Weniger um Gerüchte als um Gerüche ging es Jean-Anthelme Brillat-Savarin. Gerüche der Küche. Wenn Carême der unbestritten größte Koch seiner Zeit war, dann muß Brillat-Savarin als der vielleicht erste Gastrosoph zumindest der jüngeren Geschichte gelten. Wir verdanken ihm vor allem das gastronomische Standardwerk »Physiologie du goût«, eine umfassende Lehre der Tafelfreuden. Brillat-Savarin wollte sich nicht in die lange Liste der Kochbuchautoren einreihen. Er verstand die Erforschung des Geschmacks als eine Wissenschaft. Einer seiner berühmtgewordenen Merksätze lautete: »Sage mir, was du ißt, und ich sage dir, wer du bist.«

Daß er seine Thesen zunächst anonym veröffentlichte, lag wohl daran, daß er seinerzeit als studierter Jurist Berater am Pariser Kassationshof war, und bei aller Wertschätzung exquisiter Speisen galt es in diesen Kreisen als nicht schicklich, sich mit den banalen, wenn nicht gar frivolen Fragen der Gaumenfreuden auseinanderzusetzen. Eine andere These will wissen, daß Brillat-Savarin noch andere gesellschaftlich hochgestellte Mitstreiter hatte, die es gleichfalls nicht wagten, öffentlich in die Niederungen gastronomischer Glaubenssätze hinabzusteigen. Den mit scharfem Blick gemachten Beobachtungen des weltläufigen Bonvivants – er hatte sich in den ersten Revolutionsjahren ins Ausland abgesetzt und kehrte erst Jahre später nach Frankreich zurück – ist etliches zu entnehmen, was das alte deutsche Vorurteil stützt, nach dem es den Franzosen, wenn schon nicht ums Bett, dann doch in erster Linie ums Essen und Trinken geht.

Die meist adlige Gilde der Feinschmecker jedenfalls (die anderen konnten sich eine feine Küche eben nicht leisten), die bei Ausbruch der Revolution das jammervolle Ende der Haute Cuisine heraufdämmern sah, da es mit dem Pöbel an der Macht bald nur noch Kraut und Rüben in den Töpfen geben werde, wurde bald eines besseren belehrt. Es zeigte sich nämlich sehr schnell, daß es auch in der strammen Jakobinerriege etliche Leckermäuler gab. So zogen sich die Köche des Hofes, während das übrige Gesinde gleich dutzendweise den Weg zum Schafott antrat, glimpflich aus der Affäre. Besser noch: Sie hatten zwar ihren Arbeitsplatz am königlichen Herd verloren, waren nun aber frei, und so entstanden gerade zu dieser Zeit viele Restaurants. Daß unter den neuen Gästen mancher eine Jakobinermütze an der Garderobe abgaben, mochte die Wirte nicht stören. Mit dem Sturz des leidenschaftlichen Gourmets Danton drohte nur kurzfristig ein Rückschlag, aber da ihn der sauertöpfische Asket Robespierre nicht lange überlebte, setzte sich letztlich die Fraktion der Feinschmecker doch durch.

Die Köche der neuen Restaurants – Brillat-Savarin weiß viele Beispiele aufzuführen – ließen sich nicht lumpen. So bot sich dem Gast auf der Speisekarte zunächst einmal die Auswahl unter einem Dutzend Suppen und etwa doppelt soviel Vorspeisen an, die allseits beliebten Pasteten natürlich nicht mitgerechnet. Hatte man solchermaßen den ersten Hunger gestillt, konnte man unter etwa zwei Dutzend Fischgerichten wählen. Sodann ging es an die Fleischspeisen, wobei es jeweils 20 Rind-, Kalb- und Lammrezepte auseinanderzuhalten galt. Selbstredend war dem Freund eines saftigen Bratens auf einer gesonderten Seite ebenso Genüge getan wie etwa denen, die sich lieber an einem Wild- oder Geflügelgericht delek-

Es entbehrt nicht einer gewissen Pikanterie, daß dieser 16 Meter hohe Turm von eindeutiger Symbolik einem ehemaligen Priester gewidmet ist. Der Abbé Louis Félix (1765–1836) mußte jedoch nach der Revolution die Kutte ausziehen und verschrieb sich fortan sehr erfolgreich dem diplomatischen Dienst. Als Félix de Beaujour bekleidete er den Posten eines Konsuls in Griechenland, Schweden, den Vereinigten Staaten und selbst Smyrna. Sein angesammeltes Vermögen vermachte er mehreren Stiftungen und investierte es zum Teil in dieses Wunderwerk der Baukunst, das fünf Meter tief in die Erde hinabführt. Lange Jahre war der Turm eine gern frequentierte Stätte der Begegnung für intensive zwischenmenschliche Beziehungen. Heute ist er leider geschlossen und für Besucher gesperrt. Im übrigen ist überliefert, daß Félix de Beaujour sein Leben lang Junggeselle blieb ... (48. Div.).

tierten. Das alles wurde aufgelockert durch zig Zwischengerichte. Die Krönung aber war natürlich die halbe Hundertschaft leckerer Nachspeisen. Es wäre vielleicht einmal einer wissenschaftlichen Studie wert, welchen Einfluß die Gastronomie auf die Entscheidungen von Regierungschefs und Staatslenkern in der Geschichte gehabt hat. Aber vielleicht ist so etwas längst geschrieben. In Frankreich hätte man sich – und so ganz ist das alte Vorurteil nicht aus der Luft gegriffen – gewiß auf ein mehrbändiges Werk einzurichten.

Es beruhigt mich als eingefleischten Freund einer guten Küche natürlich ungemein, daß der Feinschmecker Brillat-Savarin das damals stattliche Alter von 71 Jahren erreicht hat (1755–1826). Seine Schwester Pierrette, die unter Ludwig XV. geboren wurde und noch Napoleon III. erlebte, starb gar erst im biblischen Alter von 98 Jahren. Gourmet wie ihr Bruder, hatte sich die alte Dame wie jeden Abend ein köstliches Mahl munden lassen, als sie einen Schwächeanfall verspürte. Mit den Worten »Ich fühle, daß es zu Ende geht. Bringt mir schnell das Dessert!« verabschiedete sie sich von dieser Welt.

Von Robespierre dagegen, dem kurz erwähnten, sind keine letzten Worte überliefert, im Gegensatz zu seinem alten Freund und Widersacher Danton, der sich auf der Richtstätte als geradezu geschwätzig zeigte (was belegen mag, daß kräftige Esser selbst in solch heiklen Momenten geselliger zu sein scheinen als die Asketen). Daß sich Robespierre so wortkarg gab, mag aber auch daran gelegen haben, daß ihm ein übereifriger Sergeant im Augenblick der Festnahme mit einem Schuß den Kiefer zerschmettert hatte.

Eigentlich hat Robespierre so wenig wie Danton in diesem Buch etwas zu suchen, denn beide ruhen auf keinem Friedhof mehr. Der Cimetière des Mousseaux ist längst verschwunden – dort lagen mehr als tausend Opfer der Guillotine in einem Massengrab –, aber die wohl einzige Frau, die im kurzen bewegten Leben Robespierres eine gewisse Rolle gespielt hat, Eléonore Duplay, entging der

Hinrichtung und starb 1832 eines natürlichen Todes. Sie war, vorliegenden Quellen zufolge, eine eher stille und in sich gekehrte Frau, einer der ganz wenigen Menschen, die Zugang zu dem unnahbaren Revolutionär fanden. Sie zählte nicht zu den keifenden Furien vom Schlage der Claire Lacombe, denen die Treibjagd auf die Angehörigen und Sympathisanten des Ancien Régime gar nicht grausam genug sein konnte.

Inwieweit und ob überhaupt die Tischlertochter Eléonore Duplay Einfluß auf Robespierre hatte, der im Hause ihres Vaters wohnte, ist sicher nur spekulativ zu beantworten. Das ihm zugeschriebene Bekenntnis, sein einziges sinnliches Vergnügen sei der Genuß von Orangen, läßt aber eindeutig den Schluß zu, daß sie in seinem Leben nicht die Rolle eines sexuellen Dämons einnahm. Sie hatte die Verschwörung gegen ihn geahnt, aber er schlug ihre Warnungen in den Wind. Und erfolglos blieben auch ihre verzweifelten Bemühungen um seine Rettung.

Da sie eine der ganz wenigen aus dem Kreis des gefürchteten Tugendwächters war, die die Revolution überlebten, fanden sich bis zu ihrem Tod immer wieder Chronisten bei ihr ein, die sich von ihren Schilderungen ein klareres Geschichtsbild erhofften. Aber ihre von grenzenloser Verehrung verklärten Berichte ließen die Historiker meist enttäuscht zurück. Frühzeitig war ihr eine staatliche Rente von jährlich 1500 Francs ausgesetzt worden, die ihr selbst noch der Bürgerkönig Louis Philippe zugestand. Mit annähernd 70 Jahren starb sie und liegt im äußersten Südosten des Père-Lachaise begraben (34. Div.).

Der Chemin de la Guérite führt uns nun bis zur Gedenkstätte von Ferdinand de Lesseps, dem Erbauer des Suezkanals. Und dort beginnt auch das Reich der ›Vandalen‹, wie sie der Friedhofswärter genannt hat. Es ist der Jahrmarkt des Jim Morrison. »Höchst undemokratischer und respektloser Fanatismus«, so schäumt selbst der in seinen sonstigen Grabschilderungen eher zurückhaltende Michel Dansel in seinem ausführlichen Buch über den Père-Lachaise.

Dabei begann alles ganz harmlos. So harmlos eben der plötzliche Tod und die Bestattung eines Menschen sein kann. James Douglas, genannt Jim Morrison, war der Bandleader der ›Doors‹, einer Rockgruppe, die zu ihren besten Zeiten in einem Atemzug mit den Rolling Stones genannt wurde. Jim war wie so viele andere seiner Branche dem Rauschgift verfallen, und an den Drogen starb er auch während einer Tournee. Das war 1971. Jim war gerade 28 Jahre alt. Das Geld hätte wohl schon noch gereicht, ihn nach Hause zu überführen. Aber sein Leichnam blieb in Paris und wurde auf dem Père-Lachaise beigesetzt (6. Div.). Ein wenig entlegen und in einem Grab, wie es schlichter nicht sein kann. Ein Rechteck aus Zement umgrenzt die Stelle, an der man ihn in die Erde gelassen hat. Später hat man einen schmucklosen, häßlichen Steinquader abgestellt, in den der Name und die Lebensdaten eingemeißelt wurden: Jim Morrison, 1943–1971. Dann schleppten seine Anhänger einen Gipskopf an das Grab. Kein Meisterwerk und nur von vager Ähnlichkeit. Und dann kam Tempo in die Sache. Der vormals stille Winkel geriet zum Geheimtip. Zur Pflichtübung. Zur Wallfahrtsstätte. Dann kamen die Hippies, sagt der Friedhofswächter. Und er spricht es mit Abscheu aus wie einer, der auf dem Dachboden eine Ratte gefunden hat.

Natürlichwarnwirauchaufmpeerlaschäse.

Heldenverehrung zum Nulltarif. Sie fragten nicht am Eingang, wo Jim liegt. Andere hatten es längst an die umliegenden Gräber gemalt. Mit Kreide zunächst, aber das ließ sich noch wegwischen. Mit Tünche dann. Die Wegweiser breiteten sich aus wie ein Krebsgeschwür. Natürlich hat man sich das nicht gefallen lassen. Das nicht. No Jim here, haben die Wärter diesen Hippies zugerufen. Man hat ja schon von weitem gesehen, daß die nicht zu Chopin wollten. Die nicht. Die Friedhofsordnung hat man ihnen vor die Nase gehalten. Aber in der Friedhofsordnung steht nur ewas von Sitte und Anstand. Und das sind Wertbegriffe, die frei interpretierbar sind. Angezeigt hat man die Kerle. Aber die wollten einem ja nicht mal den

Paß zeigen. Gelacht haben sie nur und irgend etwas Unverschämtes geantwortet. Verstanden hat man es nicht, aber unanständig war es jedenfalls. Von obszönen Gesten ließe sich berichten, aber lieber nicht. Die Polizei hätte man halt holen sollen, so wie damals, wenn Sie das mitbekommen haben, im Mai 68. Und der Mann mit der Schirmmütze taxiert mich dabei schnell, ob ich vielleicht nicht dabeigewesen sein könnte. Aber ich habe eine Krawatte an, das vertreibt den Verdacht.

Nein, über diesen Morrison wolle er lieber nicht reden, sagt er, und es sprudelt nur so aus ihm heraus. Ich könne ja mal seine Kollegen fragen. Einem hätten sie sogar Prügel angedroht. Aber er muß unterbrechen. Eine Gruppe von Japanern erkundigt sich nach einem Grab. Wo liegt bitte Edith Piaf?

Ich bin oft zu Morrisons Grab gegangen. Die da anzutreffen sind, mögen 18 Jahre alt sein oder wenig älter. Als die ›Doors‹ ihre großen Erfolge hatten, als Morrison starb, waren sie vielleicht noch nicht mal in der Schule. Irgend jemand hat ihnen in einem der billigen Cafés in der Stadt, wo man sich noch für zehn Mark sattessen kann, von dem Grab erzählt. Daß dort was los sei. Jetzt sind sie mit der Metro hergefahren, rauchen eine Zigarette, ist ja wohl noch erlaubt, Kippen liegen genug rum, einer packt eine Flasche aus, billigen Rotwein für 8 Francs 50, ein Bier tut's auch, und vielleicht kritzelt auch mancher seinen Namen auf den Stein. Ettore aus Napoli. Aus Coesfeld war einer da. Die meisten Sprüche sind dumm und einfallslos. Aber selbst wenn sie geistvoll oder witzig wären – dumm ist es allemal, auf Gräber zu schmieren. Angepöbelt worden bin ich nie. Aber ich habe auch mit keiner Friedhofsordnung gedroht. Manche machen Fotos voneinander. So wie die Alten am schiefen Turm von Pisa. Laß mich mal. Einer steckt Jim eine Zigarette in die geöffneten Lippen. Ein anderer setzt ihm seinen Schlapphut auf. Das Mädchen mit dem Arafat-Tuch findet das blöde.

Wahrscheinlich ist der ganze Zirkus nur ein Mißverständnis, hat etwas mit Protest gegen die Gesellschaft zu tun oder so. Irgendwie halt. Der Friedhof ist ein Platz wie jeder andere. Ein bißchen spießig natürlich, die Leute. Im übrigen läßt man ja die anderen Gräber in Ruhe. Die paar Schriftzeichen, was macht das schon? Soll sich doch keiner so haben. Manche Gräber sind ja ganz schön heruntergekommen. Und Jim geht die gar nichts an. Hat keiner 'ne Ahnung von. Sollen uns doch in Frieden lassen.

Zeitsprung. Sollte doch nicht alles auf einem Friedhof für die Ewigkeit gemacht sein? Als ich Anfang der neunziger Jahre nach längerer Zeit beim Kuriositätenkabinett auf scheinbar exterritorialem Terrain nachsehen wollte, hatte der Spuk sich weitgehend verlaufen. Die Büste war entfernt, das polyglotte Schmierwerk fast vollständig ausgewischt worden. »Morrison and Hendrix. Both live.« Beide leben. So stand es früher wie ein Menetekel an der Wand einer benachbarten Kapelle. Wärter im Schichtdienst achten jetzt darauf, daß die Auswüchse früherer Jahre im Rahmen bleiben. Am Zulauf einer gleichbleibend großen Fangemeinde hat sich freilich kaum etwas geändert.

Am Carrefour du Rond Point zweigen mehrere Wege ab. Am besten nimmt man dann die Avenue de la Chapelle und biegt kurz vor dem eindrucksvollen Géricaultgrab links ab. Der gewundene Chemin Talma führt auf den Chemin Denon, an dem dann Chopin liegt. Wer genügend Zeit mitbringt, dem sei jedoch der Besuch bei zwei Damen ans Herz gelegt, die höchst unterschiedliche Leidenschaften pflegten. Da ist zunächst einmal Madame Madeleine Blanchard. Zusammen mit ihrem Mann, der übrigens als der Erfinder des Fallschirms gilt, hatte sie sehr schnell herausbekommen, daß sich der von den Brüdern Montgolfier konstruierte Heißluftballon vortrefflich zu kommerziellen Zwecken nutzen läßt. Immerhin hatte Monsieur als erster mit einem Ballon den Kanal überflogen. Zwar endete das waghalsige Unternehmen beinahe mit einer Katastrophe, da der Ballon viel zu schnell an Höhe verlor und die beiden Piloten, um sich auf Land zu retten, allen Ballast abwerfen mußten, inklusive der Gondel selbst schließlich, so daß sie buchstäblich bei der Landung in den Seilen hingen, aber: Blanchard wurde als Held gefeiert. Gemessen an dem jedoch, was seine abenteuerlustige Frau dann vollführte, mutet der wackere Blanchard fast wie ein ängstlicher Hasenfuß an. Daß sie im westfranzösischen Nantes einmal in einem Sumpf landete und beinahe ertrank, konnte sie ebensowenig schrecken wie andere Unpäßlichkeiten. Ihr nie erlahmender Pioniergeist sollte sie zur unbestrittenen Attraktion auf den großen Jahrmärkten Europas werden lassen. Wer eine hübsche Summe lockermachte, bekam fürs Geld auch was geboten.

An Ideen fehlte ihr es nicht. Unerreichter Höhepunkt ihrer Laufbahn sollte eine Attraktion ganz besonderer Art werden. Am 6. Juli 1819 stieg sie über einem Pariser Vergnügungspark in den Abendhimmel, um hoch in der Luft ein Raketenfeuerwerk abzubrennen. Nach allerlei artistischen Einlagen machte sie sich ans Zündeln. Dabei fing der Ballon jedoch Feuer und stürzte mitten über Paris ab. Die Gondel zerschellte auf einem Hausdach in der Rue de Provence, und die wagemutige Madeleine wurde kopfüber auf die Straße geschleudert. Sie war auf der Stelle tot. Eine spontane Sammelaktion sicherte ihr ein fürstliches Begräbnis (13. Div.).

Die Aktivitäten der Berthe de Courrière waren, wie gesagt, anderer Art: nicht ganz so gefährlich, aber kaum weniger exzentrisch. Die auf viele stets ein wenig unheimlich wirkende Frau mit den funkelnden Augen und ebensolchem Schmuck trug mit Vorliebe rote Kutten und Meßgewänder, und aus einschlägigen Kreisen war schließlich durchgesickert, daß sie sich als Madame Chantelouve bei mysteriösen Veranstaltungen nützlich zu machen wußte. So sicherte sie sich bald den ansehnlichen Ruf einer ›Muse der schwarzen Messen‹. Nebenbei verdrehte sie wechselweise dem Bildhauer Jean-Baptiste Clésinger und dem Schriftsteller Rémy de Gourmont den Kopf. Diese doppelte Liebschaft hielt über den Tod hinaus. Alle drei teilen sich ein Grab, die geheimnisvolle Berthe liegt in der Mitte (10. Div.).

Nun zu Chopin. Wenn auch nicht die Muse der schwarzen Messen auf dem Sockel über seinem Medaillon thront, sondern Euterpe, die Muse der Musik, geschaffen ist das Kunstwerk von jenem eben erwähnten Clésinger, dem Schwiegersohn von George Sand, deren enge Beziehungen zu Chopin ja hinreichend bekannt sind. Daß sich die großen Liebhaber der George Sand, natürlich längst nicht alle, auf dem Père-Lachaise eingefunden haben, mag schicksalhaft sein.

Das adrette und von zahllosen Verehrern liebevoll gepflegte Grab des Komponisten ist zwar eingezäunt, aber pietätlose Souvenirjäger brechen ein ums andere Mal der vielleicht auch darob trauernden Euterpe Gliedmaßen weg, was den Restauratoren einen sicheren Arbeitsplatz garantiert. Nicht sehr glücklich mit der letzten Bleibe von Herrn Chopin sind vor allem die Nachfahren der benachbarten Toten, denn da die Grabstätte ein bevorzugtes Fotomotiv ist, lassen sich die Touristen, die gerade kein Weitwinkelobjektiv zur Hand haben, nur allzugerne zu fatalen Ausfallschritten auf die Nachbargräber verleiten.

Ab und zu kommt es zu höflichen, aber kompromißlos geführten Diskussionen zwischen Polen und Franzosen um die Frage, welcher von beiden Nationen Chopin nun eher zuzurechnen sei. Selbst der in anderen Fällen leidenschaftslos kommentierende Père-Lachaise-Chronist Michel Dansel spricht in deutlicher Anspielung an die bereits zitierten Andenkensammler, die sich an den Zehen oder den Fingern der Marmormuse zu schaffen machen, pikiert von gewissen polnischen Touristen, denen es »nicht genügt, daß Chopins Herz in der Kirche zum Heiligen Kreuz in Warschau ruht«.

Tatsächlich verweisen polnische Patrioten gerne auf den prägenden Einfluß der slawischen Mutter, während Chopins aus Lothringen stammender Vater keiner weiteren Erwähnung wert ist. Ebenso wahr ist aber auch, daß Chopin schon in jungen Jahren nach Paris gefunden und dort auch seine größten Erfolge gefeiert hat, wiederum

unter dem Signum des polnischen Komponisten und Pianisten. Tu felix Europa.

Es kann und soll an dieser Stelle nicht Aufgabe sein, Leben und Werk Chopins Revue passieren zu lassen. Das bleibt kompetenteren Autoren vorbehalten. Wie überhaupt zu sagen ist, daß dieser Grabgang nicht Anlaß geben soll zu ausführlichen und lückenlosen Biographien. Das Moment der unmittelbaren Begegnung steht vielmehr im Vordergrund, gewiß nicht der durch den Griff zum Lexikon vorgegebene Grad der Bedeutsamkeit. Wobei der letzte Augenblick, durchaus im Sinne des Wortes, das letzte Hörensagen, soweit nachvollziehbar und von Zeitgenossen festgehalten, berücksichtigt werden soll.

Chopin starb am 17. Oktober 1849 in einem Haus an der Place Vendôme. Seine nie ausgeheilte Tuberkulose hat ihn nur 39 Jahre alt werden lassen. Eineinhalb Jahre zuvor hatte er sich von seiner Gönnerin, der ihn zeitweise pflegenden (vielleicht auch bemutternden) Liebhaberin George Sand getrennt. Oder sie sich von ihm. Wenig später zogen in sein Sterbehaus neue Mieter ein. Deren auffallend hübsche Tochter Eugénie wurde Jahre später als Frau Napoleons III. Kaiserin (11. Div.).

Um den unbestrittenen Senioren des Friedhofs nachzuspüren, bedarf es eines Ausflugs ins tiefe Mittelalter. Im 12. Jahrhundert nämlich ereignete sich eine Liebestragödie, deren erschütternde Umstände wohl nur noch vom tragischen Schicksal der Julia und ihres Romeo übertroffen werden. Es ist die Geschichte von Abaelard und Heloïse. Der Theologe Abaelard war 1117 vom Kanonikus Fulbert als Privatlehrer für seine Nichte Heloïse verpflichtet worden. Freilich schlossen sich im Laufe der Zeit den Lehrstunden auch Schäferstunden an. Die beiden Verliebten schlossen heimlich den Bund der Ehe, und als Heloïse einen Jungen gebar, mit Namen Astrolabe, da packte den gestrengen Oheim – alles andere als ein jovialer Onkeltyp – der heilige Zorn. Er sah die Affäre wohl weniger als trautes Idyll, sondern mit den nüchternen Augen eines Kanonikus als einen besonders schweren Fall von Unzucht mit Abhängigen, zumal seine eigene, ihm anvertraute Nichte davon betroffen war.

Fulbert also entschloß sich zur Selbstjustiz und ließ den bedauernswerten Abaelard entmannen, auf daß diesem sein Fehltritt eine Lehre sei. Die grausame Verstümmelung bereitete dem bestraften Ehemann nicht nur körperliche Pein. Seelisch gebrochen zog er sich in ein Kloster zurück. Heloïse tat es ihm gleich. Aber es war nicht dasselbe Kloster. Dennoch riß die Verbindung nie ab. Über lange Jahre hinweg hielten sie über einen Briefwechsel Kontakt zueinander. Diese teils leidenschaftliche (von ihrer Seite), teils (von seiner Seite) philosophische Korrespondenz blieb zwar erhalten, wäre jedoch wahrscheinlich in kirchlichen Archiven verstaubt und irgendwann einer Inventur zum Opfer gefallen, hätte man sie im 18. Jahrhundert nicht veröffentlicht. Vor allem Rousseau ist es zu verdanken, daß dieser Briefwechsel in die Weltliteratur eingegangen ist. Heloïse, die es inzwischen zur Äbtissin gebracht hatte, reservierte dem 21 Jahre zuvor verstorbenen Geliebten schließlich das Grab an ihrer Seite. Aus dem Kloster Le Paraclet wurden sie dann 1817 auf den Père-Lachaise überführt. Dort hat man den beiden in einem eingezäunten Geviert aus den Ruinen des von Abaelard geleiteten Klosters ein Mausoleum errichtet, unter dessen spitzbogigem Baldachin die frommen Geliebten mit gefalteten Händen vereint sind.

Bis weit in unser Jahrhundert hinein war die romantische Grabstätte von Abaelard und Heloïse eine beliebte Ausflugsstätte der Liebespaare. (Verliebte Klavierschüler trafen sich dagegen bei Chopin.) Heute hat das Interesse nachgelassen. Heute trifft man sich bei Jim.

Am Grab des impressionistischen Malers Camille Pissarro und der weißen Kapelle der Familie Rothschild vorbei (1868 zu Ehren von James de Rothschild gebaut) führt der Weg zu Elisabeth Félix Rachel, der berühmtesten Tragödin auf den französischen Bühnen der ersten Hälfte des 19. Jahrhunderts. Sie verkörperte vor allem die Heldinnen der Klassiker Corneille und Racine mit virtuoser Leidenschaft. Ein Talent, das sie auch in ihrem bewegten Privatleben weidlich nutzte. Die Liste ihrer Liebhaber ist weit länger als die der von ihr verkörperten Rollen. Nachdem sie sich zunächst mit bürgerlichen Galanen zufriedengab und sich auch ausgiebig auf der künstlerischen Szene umsah, trieb sie es schließlich auch mit dem hohen Adel. Sogar der Prinz Louis Napoleon schaute zuweilen bei ihr herein. Daß ihre oft gerühmte Zungenfertigkeit sich nicht allein auf das Geschehen auf der Bühne beschränkte, verdeutlicht der kurzgefaßt-frivole Antrag, den ihr der Prinz von Joinville zukommen ließ. Auf die fragende Botschaft »Wann? wo? wieviel?« antwortete sie ebenso knapp und zügig mit den Worten: »Morgen, bei mir, umsonst.« Mit nicht einmal 38 Jahren starb sie in den ersten Januartagen 1858. Glücklicherweise an einem Sonntag, soll sie gesagt haben. Einen Montag zu erleben sei immer so trist (7. Div.).

Kurz vor Erreichen der breiten Avenue Principale, dem breiten Weg, der vom Haupteingang an den Gräbern vieler bekannter Toten entlang zum von Bartholomé gestalteten pompösen Ehrenmal hinaufführt, gelangt man in einem kleinen Seitenweg an das Grab von Jules Romains. Ein Autor, den deutsche Romanisten gerne in den Lehrplan ihrer Französischstunden in der Mittel- oder Oberstufe aufnehmen (3. Div.).

Der »Dr. Knock oder der Triumph der Medizin« ist mir erstmals in der Klasse begegnet, die man damals noch Obersekunda nannte. Der vergnügliche Stoff, der übrigens auch verfilmt wurde, versöhnte mich etwas mit den trockeneren Textvorlagen, die uns zuvor aufgegeben waren. Von Romains' Hauptwerk, dem 27bändigen Romanzyklus »Les hommes de bonne volonté« (»Die guten Willens sind«), in dem zum Teil vortreffliche Schilderungen des Pariser Innenlebens nachzulesen sind, war damals nicht die Rede.

Marie Lenormand (1772–1843) war eine bekannte Kartenleserin und Wahrsagerin, die frühzeitig die delikate Prophezeiung wagte, auch Robespierre und Saint-Just würden alsbald unter dem Fallbeil enden. Eine nur folgerichtige Vorhersage, die ihr immerhin soviel Meriten eintrug, daß der spätere Kaiser Napoleon ihr einen einflußreichen Posten bei der Geheimpolizei verschaffte. Trotz dieser fortgesetzt gefahrvollen Missionen durchlief Marie Lenormand unbeschadet die Zeitläufte vom Ancien Régime des unglücklichen Königs Ludwig XVI. bis hin zum Bürgerkönigtum und wurde 71 Jahre alt (3. Div.).

Daß Gräber mit Blumen geschmückt werden, ist nichts

Außergewöhnliches. Die symbolhafte Absicht des regelmäßigen Rosengrußes ist am Beispiel des Senators Georges Dayant geschildert worden (siehe Montparnasse). Legenden wollen sich erst dann bilden, wenn stets am selben Grab die gleichen Blumen, womöglich an gleichen Tagen den Stein, die Säule, die Büste schmücken. So war es lange Zeit am heute noch vielbesuchten Grab der Schriftstellerin Colette (1873–1954 / 4. Div.). Angeblich habe sie den befreundeten Chansonnier Maurice Chevalier gebeten, er möge häufig zu ihr kommen, wenn sie einmal »in den marmornen Armen von Père-Lachaise ruhen« werde. Dies sei der »beste Ort für ein Zwiegespräch mit einem schönen Mann«. Tatsächlich fand sich jeweils einmal im Monat auf der Marmorplatte der Colette ein Veilchenstrauß – bis zu Chevaliers Tod.

Wie gesagt: Das Grab der Colette ist einer der Hauptanziehungspunkte auf dem Friedhof. Kein Trauerzug zum Père-Lachaise in den vergangenen 30, 35 Jahren war so lang wie der ihre – der von Edith Piaf einmal ausgenommen –, keine Französin überhaupt ist schon zu ihren Lebzeiten so sehr mit Ehrungen überhäuft worden wie die Colette, die man stets nur bei ihrem Nachnamen nannte. Ihr wurde die Präsidentschaft der Académie Goncourt angetragen, und natürlich erhielt sie auch das Kommandeurskreuz der Ehrenlegion. Ihre Romane sind in millionenfacher Auflage in die wichtigsten Weltsprachen übersetzt worden – »Chérie« vor allem und »Gigi«, die mitfühlende Generationen von Lesern rührenden Geschichten von Kokotten und Gigolos, von alternden Verführerinnen und verführerischen Schulmädchen, die mit großem Erfolg verfilmt wurden und mit immer gleichbleibendem Erfolg auf der Bühne in Szene gesetzt und in immer neuen Auflagen als Bücher verkauft werden.

Ihre immer schlimmer werdende Arthritis fesselte sie in den letzten Lebensjahren an den Rollstuhl ihrer vor Kriegsausbruch bezogenen Wohnung an der Rue de Beaujolais mit Blick auf den Garten des Palais Royal. Im

Ehrenhof des Palais wurde auch ihr mit einer Trikolore geschmückter Sarg aufgebahrt, als am Morgen des 3. August 1954 ihr Herz versagte. Die Regierung ordnete einen staatlichen Trauerakt an. Unter den vielen tausend Menschen, die den Sarg zum Père-Lachaise geleiteten, sah man Marlene Dietrich und Jean Cocteau.

Noch wenige Monate vor ihrem Tod hatte die Colette gesagt: »Was danach kommt, ist nur eine kurze Illusion. Der Tod interessiert mich nicht. Nicht einmal mein eigener.«

Der kurze Weg zurück zur Avenue Principale führt uns fast schon auf die Zielgeraden unserer Père-Lachaise-Wanderung. Noch immer und natürlich auch weiterhin liegt dort die Gedenkstätte für den italienischen Komponisten Gioacchino Rossini (1792–1868), der es so vortrefflich verstand, auf den Bühnen nach dankbaren Vorlagen Ausschau zu halten, um sie dann mit flinker Hand zu vertonen. Das ersparte ihm aufreibende und zeitaufwendige Recherchen und geriet, da es sich meist um bewährte Stoffe handelte, auch oft zum Erfolg. Der Begeisterung zum Beispiel um seinen »Barbier von Sevilla« tat es keinen Abbruch, daß er sich dabei eines überaus vertrauten Sujets bediente. Daß sich bereits der große Mozart an den Text von Beaumarchais gemacht hatte, focht ihn nicht weiter an. Mit 37 Jahren, also durchaus noch nicht im Rentenalter, befand der Sohn einer Opernsängerin und des Stadttrompeters von Pesaro, nun sei es im großen und ganzen eigentlich genug, und beließ es für die zweite Hälfte seines Lebens, er wurde immerhin 76, bei kleineren Gelegenheitsarbeiten. 1887 wurde sein Leichnam nach Florenz überführt (4. Div.).

Es liegt auf der Hand, daß Dichter, zumal Dichter der Romantik, sich in aller Regel ausführlicher Gedanken um ihren Tod machen als etwa Steuerprüfer oder Verwaltungsangestellte am Katasteramt. Aber Alfred de Musset zum Beispiel (1810–1857) hatte im noch jugendfrischen Alter von 25 Jahren in der Zeitschrift ›La Revue des Deux Mondes‹ einen elegischen Sechszeiler veröffentlicht,

der nicht nur seine Grabinschrift werden, sondern auch als sein Vermächtnis gelten sollte:

Meine lieben Freunde, wenn ich sterben werde,
Pflanzt eine Weide in die Friedhofserde.
Ihr tränenreiches Laub, das liebe ich,
Die Blässe ist so süß und zart für mich
Und ihr Schatten auf der Erde
Wird so sanft sein, wo ich schlafen werde.

22 Jahre später erinnerten sich seine Freunde an diesen so früh gehegten letzten Wunsch und setzten hinter das recht üppig gestaltete Ehrenmal das junge Pflänzlein einer Trauerweide. Aber nach anfangs hoffnungsvollem Sprießen verkümmerte der Baum rasch und ging ein. Da der Epitaph auf der Frontseite des Grabes aber unverändert den letzten Wunsch anmahnte, wurde ein neuer Versuch gemacht. Wobei sich seit längst über hundert Jahren zeigt, welch triste Aufgabe es ist, an dieser Stelle eine Trauerweide zu pflanzen. Da der Dichter jedoch – und der zitierte Sechszeiler ist die einzige einschlägige Quelle – ausdrücklich um eine Trauerweide gebeten hatte und nicht etwa um eine robustere Kiefer, wird es wohl nie zum Bäumchen-wechsel-dich-Spiel kommen. Zur Zeit macht ein Trauerweiden-Nachfahr der jungen Generation erneut einen kümmerlichen Versuch.

Nun ist der karge, mit Stein fast gänzlich zugemauerte Boden ohnehin nicht gerade die ideale Nährstätte für allzu ehrgeizig angelegte botanische Experimente. Schon als Alfred de Musset zu Grabe getragen wurde, hatte ein florierender Bauboom den Père-Lachaise ergriffen. In rapidem Wachstum hatte die Stadt den wenige Jahrzehnte zuvor noch in den Außenbezirken gelegenen Friedhof geschluckt und sich einverleibt. Als jedoch erneut Stimmen laut wurden, die forderten, der Friedhof müsse ausgelagert werden, da zeigte sich, daß sich die Einstellung der Bevölkerung zur Totenstadt grundlegend gewandelt hatte. Zumal Seuchengefahr nun nicht mehr angezeigt

war. Es war auch eine Art neuer Totenkult entstanden. Die variantenreich gestalteten Denkmäler gerade der zweiten Jahrhunderthälfte legen Zeugnis ab. Nein, wenn es nicht zu makaber wäre, könnte man sagen: Die Pariser hatten ›ihren‹ Père-Lachaise inzwischen liebgewonnen. Es war auch die Zeit, in der, wer auf sich hielt, auf eine Büste nicht verzichten wollte. Aus Stein zumindest, besser noch aus Bronze. Meist sind es sehr würdevoll dreinblickende Herren im gestandenen Mannesalter, fast durchweg mit Bart. Frauenbüsten sind kaum zu finden. Und wenn, dann so: die Frau als Untertan, zu den Knien des Herrn und Patriarchen, mit bewunderndem, oft flehentlichem Blick. Ganz, wie es Sitte war.

Nicht ganz so bei Alfred de Musset. Der feinnervige Dichter des unerfüllt gebliebenen Traumes von der schattenspendenden Trauerweide starb einsam und ohne allzu große Anteilnahme der Außenwelt in einer Wohnung der unweit der Tuilerien gelegenen Rue du Montthabor, dem Alkohol verfallen und betreut nur noch von seiner Haushälterin Adèle Collin, die ähnlich wie später die Céleste Marcel Prousts ihre Intimkenntnisse des über Jahre hinweg Gepflegten literarisch auswertete. Schlafen könne er nun, soll er vor seinem Tod gesagt haben, endlich schlafen. Da war er gerade 47 Jahre alt.

Wahrscheinlich hat er nie die unglückliche Liebe zu George Sand verwunden, die er ausgerechnet bei einem Arbeitsessen der Zeitschrift kennengelernt hatte, die wenig später seinen berühmtgewordenen Sechszeiler veröffentlichen sollte. Die unstete George Sand nahm ihn zwar auf eine Reise nach Italien mit, angelte sich dort aber den Arzt Pietro Pagello, der den kränkelnden Geliebten behandelt hatte (ein Umstand, der ihn sicher nicht umgehend gesunden ließ). Zwar schickte sie den nach Paris eingeschleusten italienischen Mediziner bald wieder nach Hause und fand vorübergehend zu Musset zurück, aber die Beziehung zwischen der männerverzehrenden George Sand und dem um sechs Jahre jüngeren Musset hielt nicht mehr allzulange. Neue Verehrer hatten bereits ihre Interessen angemeldet.

Um handfestere Dinge als um unglückliche Liebesaffären und nicht wachsen wollende Weiden ging es im Leben des zielstrebigen Barons Haussmann. Seinen unver-
söhnlichen Gegnern – und bei Haussmann scheiden sich
die Geister; die einen haben ihn bejubelt, die anderen
zum Teufel gewünscht – sei schamhaft verschwiegen, daß
er, wie der Name auf Anhieb verrät, deutsche Vorfahren
hatte. Haussmann nutzte jedenfalls ein amouröses Abenteuer seines Gönners Napoleon III., der angeblich seine
Tochter geschwängert hatte, hemmungslos zur Fortsetzung seiner zweifelhaften finanziellen Transaktionen
zum einen und zur Durchführung seiner ehrgeizigen
städtebaulichen Projekte zum anderen. Im übrigen verlor
er zwar nach des Kaisers Sturz das Amt des Präfekten,
aber nicht sein Leben. Er starb hochbetagt mit 82 Jahren.

Als er sein einflußreiches Amt aufgeben mußte, hatte
er die Grundzüge seiner Planungen längst in die Tat umgesetzt. Paris war nicht mehr das, was es einmal gewesen
war. Teilweise zu Recht. Sanierungsarbeiten waren nämlich dringend vonnöten. Und außerdem verdankt Paris
Haussmann auch eine Vielzahl neuer Parkanlagen. Hauss-
manns Kahlschlag war jedenfalls so radikal, daß ganze
Stadtviertel der Sanierungswut des Zweiten Kaiserreichs
zum Opfer fielen.

Immerhin wagte sich der ›Bauchaufschlitzer‹, wie ihn
seine Gegner nannten, nicht an den von Zola so bezeichneten ›Bauch von Paris‹, die Hallen. Was seinerzeit freilich, das Auto war noch nicht erfunden, auch kein so dring-
liches Problem mit sich brachte wie hundert Jahre später.

Haussmann hatte indessen die Pariser offenbar so ver-
schreckt, daß zu Zeiten der lange währenden Dritten
Republik das Stadtbild kaum eine kosmetische Korrektur
erfuhr. Da Paris glücklicherweise auch von Bombenan-
griffen weitgehend verschont blieb und letztendlich, allen
Drohungen zum Trotz, nicht brannte, blieb es dem engagierten De-Gaulle-Nachfolger Pompidou vorbehalten,
abermals reinen Tisch zu machen. Ob die in den frühen
70er Jahren in die Wege geleiteten Sanierungsmaßnah-

men der Stadt Nutzen gebracht haben, ist eine Frage, deren Antwort wohl erst die Zukunft geben wird.

Es bleibt dem Bummelanten überlassen, an dieser Stelle umzukehren oder sich auf die andere Seite der Avenue Principale zu begeben, wo noch eine ganze Reihe von Prominentengräbern Aufmerksamkeit beanspruchen.

Der Blick auf das – je nach ästhetischem Empfinden – abstoßend-erschreckende oder eindrucksvolle ›Monument aux Morts‹, das Totenehrenmal, verdient jedenfalls den Zusatz, daß sich unter dessen Fundament, was kaum bekannt ist, unter der Erde ein weitverzweigtes Beinhaus befindet, das all die Gebeine aufnimmt, denen in ›herrenlos‹ gewordenen Gräbern keine Pflege mehr zuteil wird (siehe Montparnasse). Den Schlüssel zu diesem mysteriösen Reich der Unterwelt sollen angeblich nur ausgewählte Kräfte der Friedhofsverwaltung, längst nicht alle Wärter, besitzen.

Zeit zum Aufbruch. Wenn da nicht noch die Sache mit der Carmen wäre. Da ist zwischen dem Druiden und mir noch eine Frage zu klären. Auf dem Weg zu Georges Bizet, der am Rande der Avenue de la Chapelle liegt, läßt sich auf halber Strecke Jacques-Louis David (1748–1825) grüßen, Chef der neo-klassizistischen Schule in Frankreich. David war ein Besessener der Malerei. Noch in seiner Todesstunde korrigierte er den halbfertigen Entwurf eines Schülers. Während der Ära der Revolution saß er im Nationalkonvent, und später wurde er Hofmaler Napoleons. Politische Aktivitäten, die sich der im Exil auf die Wiedererlangung der Macht vorbereitende Hofstaat penibel notiert hatte. Und als Karl X. den Thron bestieg, wurde der zuvor so geschätzte Meister David in die Wüste geschickt. Genauer gesagt: ins benachbarte Belgien. (Für viele Franzosen kommt das übrigens aufs gleiche heraus.) Die heroischen Kolossalgemälde aber hielt man unter Verschluß. So fiel beispielsweise die Kaiserkrönung Napoleons durch den Papst, eines von Davids bekanntesten Werken, keinem Bildersturm zum Opfer. Bekanntlich hatte der Korse damals das eigens angereiste Oberhaupt der katholischen Kirche geschlagene zwei Stunden warten lassen. Es war eben die Zeit, in der Kaiser und Feldherren noch mehr Macht besaßen als Päpste, denen damals auch noch die durch häufige und weite Reisen anerzogene Weltläufigkeit fehlte.

David jedenfalls wurde ins Exil geschickt, und man verweigerte zunächst auch die Rückführung des Leichnams nach Paris. Was den Barden Béranger zur sarkastischen Anmerkung veranlaßte: »Man weist seinen Sarg zurück, aber seinen Ruhm behält man gerne« (56. Div.).

Von malenden Wunderkindern weiß die Geschichte viel seltener zu erzählen als von den musizierenden. Georges Bizet war schon mit neun Jahren Schüler am Konservatorium, aber als er selbst mit dem Komponieren begann, war er, wie das bei Wunderkindern so üblich ist, nicht nur seinen Lehrern, sondern überhaupt der Zeit voraus. Die Kritiker zerrissen seine Werke in der Luft, und seinerzeit schon orientierte sich das musikbeflissene Publikum vor Preisgabe der eigenen Meinung an dem, was die Herren mit der spitzen Feder am nächsten Tag zu berichten wußten. Da wollte so ein vorlauter Grünschnabel doch tatsächlich den liebgewordenen theatralischen Pomp der verkrusteten Opernszene mit neuen Akzenten beleben.

Zwar blieb Bizet erspart, was Richard Wagner Jahre zuvor bei seinen Tannhäuser-Aufführungen in Paris erdulden mußte, als eine Schar intriganter Störenfriede die Szene auf der Bühne zum Tribunal werden ließ, nachdem Wagner sich beharrlich geweigert hatte, kurzerhand ein Ballett in seine Oper einzubauen – aber die Kritik zeigte einmütig bei der Carmen-Premiere mit dem Daumen nach unten, obwohl bereits erkennbar wurde, daß die Carmen innerhalb kurzer Zeit das Publikum nicht nur in Frankreich, sondern in aller Welt im Sturm erobern würde.

Bizet durfte diesen Siegeszug seines berühmtesten Werkes nur noch erahnen. Genau drei Monate nach der Uraufführung seiner Oper starb er mit 37 Jahren an einem Herzschlag (68. Div.).

Im übrigen muß ich Herrn Kardec Abbitte leisten. Auf

dem Grab Bizets lag nicht das von mir vermutete schmucke Blumengebinde. Womöglich war die Dame mit den violetten Ohrclips doch nicht die von mir erahnte nachgelebte Carmen, sondern früher mal eine Bauernmagd im Baskenland.

ferner liegen …

Alain (*Emile Chartier*/1868–1951), französischer Philosoph (94. Div.).

François Arago (1786–1853), französischer Physiker und Astronom. Zeitweise Kriegs- und Marineminister (4. Div.).

Miguel Angel Asturias (1899–1974), Schriftsteller aus Guatemala. Literaturnobelpreis 1967 (10. Div.).

Daniel Auber (1782–1871), französischer Opernkomponist (»Die Stumme von Portici«, »Fra Diavolo«) (4. Div.).

Jane Avril (1868–1943), Tänzerin im Moulin Rouge, berühmt geworden durch die Bilder Toulouse-Lautrecs (19. Div.).

Vincenzo Bellini (1801–1835), italienischer Komponist (»Norma«). Die Überreste Bellinis wurden später nach Catania/Sizilien überführt (11. Div.).

Auguste Blanqui (1805–1881), Berufsrevolutionär und »gefürchtetster Verschwörer seiner Zeit«, der 36 Jahre seines Lebens in Gefängnissen zubrachte.

Rosa Bonheur (1822–1899), französische Malerin, vor allem von Pferde- und anderen Tierbildern, die sich aus dem zum Teil beträchtlichen Erlös ihrer Werke in den letzten Lebensjahren einen eigenen Tierpark zusammenkaufte (74. Div.).

Pierre Brasseur, erfolgreicher französischer Filmschauspieler der Vor- und Nachkriegszeit (59. Div.).

Gustave Charpentier (1860–1956), französischer Komponist (»Louise«) (10. Div.).

Luigi Cherubini (1760–1842), italienischer Komponist, dessen Schaffen Napoleon zum geflügelten Zitat veranlaßte: »Musik ist für mich Lärm« (11. Div.).

Jean-Baptiste Clément (1836–1903), Sozialrevolutionär der Kommune und Schöpfer der Anarchistenhymne »Le temps des cerises« (»Die Zeit der Kirschen«) (76. Div.).

Auguste Comte (1798–1857), französischer Philosoph und Begründer des Positivismus. Comte gilt als einer der Väter der Soziologie (17. Div.).

Benjamin Constant (1767–1830), französischer Politiker und Schriftsteller. Freund der Madame de Staël (29. Div.).

Camille Corot (1796–1875), französischer Maler vor allem von Landschaften (24. Div.).

Georges Cuvier (1769–1832), französischer Zoologe und Begründer der Paläontologie (8. Div.).

Edouard Daladier (1884–1970), französischer Verteidigungsminister und Ratspräsident, der das Münchener Abkommen unterzeichnete und Deutschland den Krieg erklärte (72. Div.).

Honoré Daumier (1808–1879), französischer Maler und Lithograph, der vor allem durch seine politischen und sozialkritischen Karikaturen sehr populär wurde (24. Div.).

Gustave Doré (1833–1883), französischer Zeichner und Graphiker aus dem Elsaß. Illustrator der Bände von Dante, Rabelais, Balzac, der Fabeln von La Fontaine und der Märchen von Perrault (22. Div.).

Paul Eluard (1895–1952), eigentlich Eugène Grindel, französischer Poet der Résistance und einer der führenden Vertreter des Surrealismus (97. Div.).

Georges Enesco (1881–1955), rumänischer Komponist (»Ödipus«) und Violonist (68. Div.).

Félix Faure (1841–1899), Präsident der Republik von 1895 bis zu seinem Tod (4. Div.).

Paul Gachet (1828–1909), Kunstsammler und Hausarzt van Goghs (50. Div.).

Mademoiselle George (1787–1867), eigentlich Marguerite Weymer, französische Schauspielerin und vorübergehend Mätresse Napoleons (9. Div.).

André Gill (gest. 1887), französischer Zeichner vom Montmartre (siehe Cimetière St. Vincent) (95. Div.).

Yilmaz Güney (1937–1984), türkischer Filmemacher (»Yol«) (62. Div.).

Yvette Guilbert (1867–1944), Sängerin und Schauspielerin vom Montmartre. Toulouse-Lautrec hat sie auf zahlreichen Zeichnungen verewigt (94. Div.).

Samuel Hahnemann (1755–1843), deutscher Arzt und Begründer der Homöopathie, der sich 1835 in Paris niederließ (19. Div.).

Valentin Haüy (1745–1822), zusammen mit Louis Braille Erfinder der Blindenschrift (60. Div.).

Dominique Ingres (1780–1867), französischer Maler des späten Klassizismus (23. Div.).

Léon Jouhaux (1879–1954), französischer Gewerkschafter und 1951 Literatur-Nobelpreisträger (88. Div.).

Rodolphe Kreutzer (1766–1831), Sologeiger und Komponist, dem Beethoven die nach ihm benannte Sonate widmete (13. Div.).

Edouard Lalo (1823–1892), französischer Komponist (»Spanische Sinfonie«) (67. Div.).

Marie Laurencin (1883–1956), französische Malerin und Lebensgefährtin Apollinaires (88. Div.).

Jules Michelet (1798–1874), französischer Historiker und Verfasser der 19 Bände der Geschichte Frankreichs (52. Div.).

Marcel Mouloudji (1922–1994), französischer Chansonnier und Schauspieler (42. Div.).

Nadar (Félix Tournachon/1820–1910), französischer Karikaturist und Fotograf, der die ersten Luftaufnahmen von Paris machte (36. Div.).

Pascale Ogier (1960–1984), hochdekorierter Nachwuchsstar des französischen Films (52. Div.).

Camille Pissarro (1830–1903), französischer Maler des Impressionismus (7. Div.).

Eugène Pottier (gest. 1887), Mitglied der Kommune und Komponist der »Internationale« (95. Div.).

Francis Poulenc (1899–1963), französischer Komponist lyrischer und religiöser Werke (5. Div.).

Raymond Radiguet (1903–1923), französischer Romanschriftsteller und enger Freund von Jean Cocteau. Sein berühmtestes Werk ist »Le Diable au Corps« (»Teufel im Leib«), das mit Gérard Philippe verfilmt wurde (56. Div.).

Victor Schoelcher (1804–1893), Politiker der III. Republik, der die Abschaffung der Sklaverei auf den zu Frankreich zählenden karibischen Inseln Martinique und Guadeloupe betrieb. Schoelcher wurde 1949 ins Pantheon verlegt (50. Div.).

Eugène Scribe (1791–1861), französischer Bühnenautor von rund 350 Theaterstücken und 60 Libretti (35. Div.).

Georges Seurat (1859–1891), französischer Maler. Mitbegründer des Pointillismus (66. Div.).

Alexander Stavisky (1886–1934), exilrussischer ›Geschäftsmann‹, der im Mittelpunkt eines Bankbetrugs stand, der sich zur Staatsaffäre ausweitete, als im Verlauf blutiger Unruhen 28 Menschen starben (94. Div.).

Armand Sully-Prudhomme (1839–1907), französischer Lyriker, der den ersten Literaturnobelpreis erhielt (44. Div).

François Joseph Talma (1763–1826), Lieblingsschauspieler Napoleons (12. Div.).

Adolphe Thiers (1797–1877), erster Präsident der Republik nach dem Sturz des Kaisers Napoleon III. Thiers ließ den Aufstand der Kommune im Mai 1871 blutig niederschlagen. Am hundertsten Jahrestag der ›Blutwoche‹ wurde ein Teil seines Grabes von Attentätern in die Luft gesprengt (55. Div.).

Rafael Trujillo (1891–1961), Präsident der Dominikanischen Republik. Nach über drei Jahrzehnten Diktatur von Attentätern erschossen (85. Div.).

Jules Vallès (1832–1885), Schriftsteller und Mitglied der Kommune-»Regierung« (66. Div.).

Emile Waldteufel (1837–1915), Pianist und Komponist (90. Div.).

Marie Walewska (1786–1817), Geliebte Napoleons, deren gemeinsamer Sohn Außenminister Napoleons III. wurde (67. Div.).

Passy

Das sich in den tiefen Südwesten von Paris erstreckende Viertel zwischen Triumphbogen, Seine und Bois de Boulogne gilt (zu Recht) als teuer und (nicht ganz zu Recht) als versnobt und außerdem (zu Unrecht) als langweilig.

Sicher, es gibt die öde Avenue Marceau oder die nicht weniger leb- und lieblose Avenue d'Iéna, in deren stuckbeladenen feinen Häusern vornehme Leute zu vornehmen Preisen wohnen, wo das Wort Bistro fast als Schimpfwort gilt, wo Geschäfte gemacht, aber selten eröffnet werden, es seien denn Boutiquen und dergleichen.

Es ist die Gegend der Botschaften und der großen Modehäuser. Dort geht man sonntags noch in die Kirche, und die wenigen, meist bläßlichen Kinder, die unter der besorgten Aufsicht von Au-pair-Mädchen auf den wenigen Spielplätzen dezent herumtollen, tragen Bermuda-Shorts aus grauem Flanell.

Es ist aber auch die Gegend, in der Proust geboren und Victor Hugo gestorben ist, in der Balzac und Heine und James Joyce gelebt und geschrieben, Wagner und Rossini komponiert, Edouard Manet und seine Schwägerin Berthe Morisot gemalt haben. Auteuil und Passy waren damals noch Dörfer vor der Stadt. Sie wurden erst im vergangenen Jahrhundert eingemeindet.

Es ließ sich dort ein ruhiges Leben führen, was heute noch spürbar ist. Daß ausgerechnet an der hektischen und betriebsamen Place du Trocadéro ein Friedhof liegt (natürlich erinnert auch dieser Name, wie so viele in Paris an eine siegreiche Schlacht, wenn schon nicht an einen siegreichen General, was kaum weniger häufig vorkommt), eben der Friedhof der ehemaligen Gemeinde Passy, wissen nur Einheimische.

Hinter einer steil aufsteigenden Mauer verbirgt er sich wie hinter einem Schutzwall, zwischen der Avenue Paul Doumer und der Avenue Georges Mandel. Er ist nicht einmal zwei Hektar groß, und die Warteliste ist so lang, daß man nach menschlichem Ermessen weit über den Tod hinaus auf die Erteilung einer Konzession warten müßte. Einen aristokratischeren Einschlag als Passy besitzt nur noch Picpus (siehe dort). Das mag, wenn auch nicht allein, an den zahlreichen russischen Familien liegen, die nach Ausbruch der Oktoberrevolution ihrer Heimat überstürzt den Rücken gekehrt haben. Damals, in den zwanziger Jahren, soll jeder zweite Taxifahrer in Paris ein russischer Großfürst gewesen sein, ist einmal scherzhaft erzählt worden. Warum sich die adligen Exilanten ausgerechnet das Droschkengewerbe als Lebensunterhalt ausgesucht haben, ist mir nie recht klargeworden.

Als ich bei einem meiner Besuche auf Passy ein üppig mit Blumengebinden geschmücktes frisches Grab entdeckte, las ich auf einer der Kranzschleifen die Widmung einer ›Gemeinschaft der Husaren der kaiserlich-russischen Garde‹. Eine alte, gebückte Frau, die auch schon deutlich über die 80 hinausgegangen sein mochte, erzählte mir in fließendem, aber mit einem harten Akzent behaftetem Französisch, nun habe man vor ein paar Wochen auch ihren Bruder hier begraben. Ihre Kinder seien längst schon nach Amerika ausgewandert. Gleich nach dem Krieg. Und sie rollt das »r« des Wortes »guerre« so anhaltend, als habe er ewig gedauert. Sie selbst habe eine kleine Wohnung in der Rue Greuze, also nur ein paar Schritte von hier. Da sei sie unabhängig und müsse keinen Bus nehmen. Es klingt fast so, als spreche sie vom täglichen Weg an den Arbeitsplatz, aber zwei-, dreimal die Woche kommt sie schon her.

Ob sie denn manchmal Bekannte treffe, möchte ich wissen und zweifle, kaum ausgesprochen, schon an der Ernsthaftigkeit der Frage, denn sehr viele aus ihrer Generation können es wohl nicht mehr sein.

Nicht sehr viele, sagt sie dann auch, um nach einer kleinen Pause zu verdeutlichen: Nicht mehr viele. Ich kenne immer weniger, und immer weniger Leute kennen noch mich. Wenn einen gar niemand mehr kennt, meint sie, dann ist man wohl wirklich tot.

Schon am Eingang, da, wo das Wärterhaus ist, in dem ein Register aufbewahrt wird, in dem handgeschrieben mit einer Feder alle Bestattungen seit Anbeginn verzeichnet sind – der Cimetière de Passy wurde 1820 eröffnet –, sieht man die helle Kapelle der Marie Bashkirtseff. Auffallend genug, aber längst nicht so protzig wie das Demidoff-Ehrenmal auf dem Père-Lachaise. Marie Bashkirtseff (so die französische Schreibweise) war aus der Ukraine nach Paris gekommen und hatte sich als Malerin, postum dann auch als Schriftstellerin, einen Namen gemacht, als sie im Palais du Luxembourg ihre Bilder ausstellen durfte. Sie wußte, daß die Gesellschaft damals der Frau als bildender Künstlerin noch erhebliche Vorbehalte entgegenbrachte. Vielleicht nannte sie deshalb ihre Arbeit auch in dunkler Vorahnung einen »Wettlauf mit dem Ruhm«.

Es wurde jedoch ein Wettlauf mit dem Tod, der die nur 24jährige 1884 ereilte. Marie Bashkirtseff ist an der Schwindsucht gestorben.

Ähnliche Vorurteile hatte anfangs auch Berthe Morisot (1841–1895) zu überwinden. Das begann bereits im Elternhaus. Ihr Vater, Präfekt der mittelfranzösischen Stadt Bourges, war gar nicht begeistert, daß gleich beide Töchter den ›Weg der Bohème‹ einschlagen wollten. Berthe Morisot wurde eine der eifrigsten Schülerinnen des Altmeisters Camille Corot und ging dann auch bei ihrem hochberühmten Schwager Edouard Manet in die Lehre, dessen Bruder sie geheiratet hatte. Das Ehepaar wohnte übrigens im selben Haus, das der Dichter Paul Valéry später beziehen sollte.

Edouard Manet dagegen hatte sein Atelier in der Rue de Saint-Petersbourg an der Gare Saint Lazare. Im Gegensatz zur Frau seines Bruders war es gar nicht sein sehnlichster Wunsch, Maler zu werden. Auch hier hatte

sich das Elternhaus die bodenständigere und angesehe-
nere Laufbahn eines Marineoffiziers ausgedacht. Den
strengen Lehrern sei es gedankt, daß sie den jungen Manet wegen ungenügender Leistung durch die Aufnahme-
prüfung durchfallen ließen. So trieb es ihn dann doch zur
Malerei und er seinen Lehrer Thomas Couture oft genug
zur Verzweiflung. Denn der selbstbewußte und überaus
eigenwillige Schüler scherte sich nicht um die vorherr-
schende Kunstrichtung, sondern ging neue Wege, sowohl
in der Form als auch in der Ausgestaltung und vor allem
in der Themenwahl. Als er Couture seine ›Absinthtrinker‹
präsentierte, war dieser so entsetzt, daß es zu einem heftigen Streit kam, der damit endete, daß Manet Palette und
Pinsel packte und mit einigen gleichgesinnten und ebenso
widerborstigen Freunden den ›Salon der Zurückgewiese-
nen‹ ins Leben rief.

Manet hatte sich inzwischen daran gewöhnt, daß seine
Bilder immer wieder abgelehnt wurden. Das berühmte
›Frühstück im Grünen‹ zum Beispiel galt schließlich als
Gipfel der unzüchtigen Aufsässigkeit gegen die geltenden
Gesetze von Anstand und Sitte, ein provozierendes Mahn-
mal der Unmoral. Es hat nicht wenige Stimmen gegeben,
die damals nach dem Staatsanwalt riefen und den sogenannten Künstler wegen Erregung öffentlichen Ärgernis-
ses wenn schon nicht an den Pranger stellen, so doch hinter Gitter bringen wollten. Sein Freund Émile Zola, allzeit
bereit, wie später ja auch die Dreyfusaffäre zeigen sollte,
die gespitzte Feder als Waffe des geschriebenen Wortes ein-
zusetzen, wagte als einer der ersten, die Werke Manets vehement zu verteidigen, was ihn prompt die Mitarbeiter-
tätigkeit bei einer Zeitung als Kunstkritiker kostete,
offenbar nach dem Grundsatz, daß Kritiker zu kritisieren
und nicht entgegen vorgegebener Meinung zu loben hätten. Aber der starrköpfige Manet (1832–1883) ließ sich in
seinem Schaffen nicht beirren, und ein Jahr vor seinem
Tode hat man ihn zum Ritter der Ehrenlegion ernannt.
Der Tatsache jedoch, daß ein Jahr nach seinem Hinschei-
den etliche seiner Bilder im Auktionshaus Drouot unter

den Hammer kamen, hat der französische Staat zu ›verdanken‹, daß viele der heute in ihrem Wert unschätzbaren Werke Manets ins Ausland abwanderten.

Manet und seine Schwägerin ruhen unter einem schattenspendenden Baum unweit eines rührend anmutenden Kinderreliefs. Einem kleinen Mädchen, dem man deutlich ansieht, wie unglücklich es wohl war, daß man es ins Sonntagskleid gesteckt hat. Die geknüpften, wahrscheinlich zwickenden Schuhe, der viel zu große Hut, der sich wie ein Heiligenschein um den schmollmündig dreinblickenden Kinderkopf legt – eine herzzerreißende Studie kindlicher Psyche und bei aller Fragwürdigkeit künstlerischer Darstellung ein bemerkenswerter Kontrast zu den geschönten Gymnasiallehrerbüsten. Die Wege und Pfade tragen keine Namen. Auf Passy weiß man, wo man liegt. Das oftmals Bombastische und Skurrile der anderen Friedhöfe fehlt hier fast ganz. Wer bereits einen Namen hat, muß sich nicht erst über sein Grab einen machen.

Sujetbezogen aber auch hier die Gräber der Flugpioniere Henry Farman und Dieudonné Costes. Und schmucklos bescheiden, im äußersten Winkel an der Mauer zur Place du Trocadéro, das Grab von Jean Giraudoux (1882–1944), dem im Limousin geborenen Schriftsteller und Bühnenautor, der aus nie ganz geklärter Ursache wenige Monate vor der Befreiung von Paris in einem Hotelzimmer in der Nähe des Quai d'Orsay starb.

Noch schwerer zu finden ist das Grab von Claude Debussy (1862–1918). Als gelte es, dem ohnehin lange Suchenden die Aufgabe zusätzlich zu erschweren, ist sein Name nur auf der Rückseite der Stele zu lesen. Wie Bizet machte er schon als Kind am Pariser Konservatorium auf sein Talent aufmerksam, wie Bizet wurde ihm der unter aufstrebenden Musikern begehrte Rom-Preis zugesprochen, der mit einem dreijährigen Stipendium in der italienischen Hauptstadt verbunden war, aber Debussy trat das Studium verspätet an und brach es nach zwei Jahren ab. Besessen von seiner schöpferischen Arbeit, die ihn zu

einem Wegbereiter der neuzeitlichen Musik gemacht hat, aber unstet in seinem Privatleben, gefiel er sich vorübergehend als Bohémien, schloß sich dem Kreis Marcel Prousts an und mußte sich dann wieder als Klavierlehrer verdingen, um wenigstens den Lebensunterhalt für sich und seine junge Frau zu bestreiten. Selbst an seinem Hochzeitstag, nach der Eheschließung mit der Schneiderin Rosalie Texier mußte er noch eine Unterrichtsstunde einlegen, um das Essen bezahlen zu können.

Die eigenartige Scheu, die im Versteckspiel um seinen Namen an der Grabstätte gipfelt, wird erklärlicher, wenn man weiß, daß er zeitlebens öffentliche Ehrungen verabscheute und es angeblich sogar unterließ, Aufführungen eigener Werke zu besuchen. Am 25. April 1918 starb der seit langem schon leidende Komponist an Krebs.

Für Ionesco war sie eine der großartigsten Schauspielerinnen unserer Zeit, für Albert Camus schlicht ein »monstre sacré«. Beckett schrieb ihr Traumrollen auf den Leib, den Modeschöpfer Yves Saint-Laurent mit eigens für sie geschaffener Garderobe bedeckte. Madeleine Renaud, obwohl mehr als dreißigmal auch im Film zu sehen, war die große alte Dame des französischen Theaters. Daß die »Tochter aus gutbürgerlichem Elternhaus« Mitte der dreißiger Jahre als bereits etablierter und gefeierter Star der Leinwand und der Comédie française mit dem um zehn Jahre jüngeren Jean-Louis Barrault, einen »unordentlichen, ungekämmten Kerl ohne jede Moral« (Barrault über Barrault) eine dann lebenslange Liaison anknüpfte, muß als Glücksfall nicht nur für die Pariser Kulturszene gewertet werden.

Bald nach dem Krieg verläßt das unzertrennliche Paar gemeinsam die in ihrem Spielplan zunehmend erstarrte Comédie und gründet im Théâtre Marigny an den Champs-Élysées eine eigene Compagnie. Nach zehn Jahren wird der Pachtvertrag nicht verlängert, nach wenigen Spielzeiten im Théâtre Sarah Bernhardt und im Théâtre du Palais Royal sowie einer längeren Tournee übernehmen die beiden nach dem Willen des neuen Staatspräsidenten de Gaulle und seines Kulturministers Malraux das Théâtre de l'Odéon. Während der studentischen Mai-Revolte 68 wird das Theater gestürmt und schließlich von den Besetzern verwüstet. Barrault widersetzt sich einer polizeilichen Räumung und wird vor die Tür gesetzt. Im verlassenen und abbruchreifen Orsay-Bahnhof am Seine-Ufer findet das unbeugsame Paar Renaud/Barrault ein neues Domizil. Aber sechs Jahre später wird es wieder des Hauses verwiesen. Präsident Giscard d'Estaing will sich mit einem Umbau des ehemaligen Bahnhofs zu einem Impressionisten-Museum ein Denkmal setzen (was Giscard-Nachfolger Mitterrand dann auch in die Tat umsetzt).

Renaud und Barrault sind erneut auf der Suche nach einer Bleibe und übernehmen einen ehemaligen Eispalast, das Theater am Rond Point. Amüsiert zogen die inzwischen 80jährige Renaud und der 70 Jahre alte Barrault Bilanz ihrer bewegten Karriere: »Um die Champs-Élysées zu überqueren, haben wir nun über 30 Jahre aufwenden müssen. Dafür sind wir um die ganze Welt gereist und haben rund 700 000 Tournee-Kilometer zurückgelegt.«

Als Madeleine Renaud hochbetagt starb, im Alter von 94 Jahren, war sie so alt wie ihr Jahrhundert. Sie hatte Jean-Louis Barrault um nur wenige Monate überlebt (3. Div.).

Als ich vor Jahren das erstemal Passy aufsuchte, war es nicht wegen Giraudoux oder Debussy – diese Gräber entdeckte ich erst später –, sondern weil mir jemand gesagt hatte, Fernandel sei dort bestattet worden. Ich hätte schwören mögen, der unvergessene Don Camillo, den er so populär gemacht hat, daß noch heute ein Doppelgänger in der Pfarrkutte einer der meistgespielten Werbespots im französischen Fernsehen für eine Nudelfirma bestreitet, daß dieser begnadete Komödiant sich nach seinem Tod in die geliebte provençalische Heimat abgesetzt hätte, mit Verlaub gesagt.

Auch Komiker wollen bestattet sein. Der gleichmacherische Gottesacker ist den Tragöden nicht vorbehalten. In seiner letzten Rolle konnte der pferdegesichtige Vollblut-

HENRY FARMAN
26 Mai 1874   17 Juillet 1958

PRECURSEUR et PIONNIER de L'AIR
PREMIER au MONDE ayant ACCOMPLI
OFFICIELLEMENT un VOL de un
KILOMETRE en CIRCUIT FERME
LE 13 JANVIER 1908
A ISSY-les-MOULINEAUX

HENRY FARMAN a DONNE des AILES au MONDE

Henry Farman (1874–1958), so verkündet stolz die Grabinschrift, hat der Welt Flügel verliehen. Am 13. Januar 1908
hat er den ersten offiziell anerkannten Ein-Kilometer-Rundflug
und noch im gleichen Jahr den ersten Von-Stadt-zu-Stadt-Flug
(von Bouy nach Reims) zurückgelegt. Das in der modernen
Verkehrsluftfahrt längst nicht mehr verwendete Fluginstru-
ment, mit dem er seine wagemutigen Anfangsversuche bestritt,
hat man respektlos Farmans ›Besenstil‹ genannt.

schauspieler endlich auch den Pferdefreund spielen, der sein geliebtes Camargue-Roß vor dem sicheren Tod in einer Stierkampfarena rettet. Ein schlichter Streifen mit einem Fernandel in einer seiner besten Rollen. Georges Brassens, auch einer aus dem tiefen Süden, hatte ihm die Musik geschrieben: Heureux qui comme Ulysse.

Brassens liegt in seiner Heimatstadt Sète begraben, der viel zu jung gestorbene und in Cannes geborene Gérard Philippe in der Nähe von St. Tropez – ich habe nicht herausfinden können, warum der aus Marseille stammende Fernandel hier, unter seinem bürgerlichen Namen Fernand Contandin, verborgen in der dritten Reihe vom Wegrand, ausgerechnet auf Passy sein Grab gefunden hat.

Der in Besançon geborene Bühnenautor und Romancier Tristan Bernard (1866–1947) war humorigen Sinnes, das belegen nicht nur seine Werke. Sein Sohn zitierte den Vater in Anspielung an den viel berühmteren Sohn der Stadt am Doubs: »Mein Vater erzählte immer, daß Victor Hugo im Haus Nr. 138 der Grande-Rue geboren sei, während er selbst bescheidenerweise in der gleichen Straße nur im Haus Nr. 23 das Licht der Welt erblickt habe. Im übrigen habe aber auch er, wie Hugo, eine Tafel an seinem Geburtshaus gehabt, allerdings nur eine von den Gaswerken.« Ein Versäumnis, das die Hauptstadt der Franche-Comté inzwischen geregelt hat.

Unter den ›grandes familles‹, den sogenannten großen Familien, die sich auf Passy eine ewige Heimstätte geschaffen haben, seien nur die Dynastie Talleyrand-Périgord erwähnt und das Geschlecht der Marnier: Ein Name (»Grand Marnier«), der auf Millionen von Likörflaschen alljährlich seine Verbreitung findet. Daß eine in den Likörkonzern eingeheiratete Madame Marnier den Mädchennamen Sucre trug, also Zucker hieß, scheint zu beweisen, daß auch Getränkefabrikanten bei der Wahl ihrer Schwiegertöchter stilgerechte geschäftliche Interessen nicht außer acht lassen.

ferner liegen …

Francis Bouygues (1922–1993), französischer Baulöwe, der den populären Fernsehkanal TF1 nach seiner Privatisierung kaufte und in die Filmproduktion einstieg.

Ernest Cognacq-Jay (1839–1928), Gründer des Kaufhauses ›Samaritaine‹ und Besitzer einer der weltweit größten privaten Kunstsammlungen, die heute in einem eigenen Museum in Paris untergebracht ist.

Marcel Dassault (1892–1986), Flugzeug-Konstrukteur und gaullistischer Politiker. Angeblich reichster Mann Frankreichs.

Edgar Faure (1908–1988), französischer Politiker, Schriftsteller und Mitglied der Académie française.

Gabriel Fauré (1845–1924), französischer Komponist (»Requiem«, »Prometheus«, »Pénélope«).

Emmanuel las Cases (1766–1842), begleitete Napoleon ins Exil nach St. Helena und veröffentlichte später die dort geführten Gespräche mit dem gestürzten Kaiser.

André Messager (1853–1929), französischer Komponist und Orchesterchef.

Alexandre Millerand (1859–1943), französischer Präsident von 1920 bis 1924.

Pearl White (1889–1938), amerikanischer Stummfilmstar.

Batignolles

10. Januar 1896. Ein Tag, wie geschaffen für eine Beerdigung. Der Dichter François Coppé, Mitglied der Académie française, hatte sich bereit erklärt, die Trauerrede zu halten: »Laßt uns das Grab eines wahren Poeten grüßen«, forderte er die spärliche Trauergemeinde auf. »Laßt uns uns vor dem Sarg eines Kindes verneigen.« Eines rüstigen Kindes von 52 Jahren. Aber Coppé fuhr fort: »Er ist immer ein Kind geblieben. Es ist so bitter, ein Mann und weise zu werden und nicht mehr die Rose der Begierde zu pflücken, aus Angst, sich daran zu verletzen. Adieu, du armer und ruhmreicher Poet, der du, welken Blättern gleich, weniger gesungen denn geklagt hast.«

Die euphemistische Grabrede Coppés half beschönigen, was den nüchteren Chronisten hätte veranlassen müssen, einen reißenden Sturzbach zu schildern, der den zu beklagenden Toten in ungeahnte Tiefen gerissen hatte. Aber schließlich war auch Coppé ein Dichter. Gemessen an der Biographie Paul Verlaines liest sich die Vita eines Baudelaire beispielsweise wie der unschuldige Lebenslauf eines behüteten Chorknaben.

Dabei war zeitweise Hoffnung angezeigt. Immerhin hatte der im lothringischen Metz geborene einzige Sohn eines Offiziers vorübergehend sogar die Laufbahn eines Beamten eingeschlagen, den durchaus ernstzunehmenden Weg also, um doch noch, nach bewegten pubertären Zeiten, zum sogenannten bürgerlichen Leben zu finden. Aber da war die schwache, verblendete Mutter, der er zeitlebens in Haßliebe verbunden war, und da waren die Anfeindungen und Versuchungen, denen er nicht zu widerstehen verstand. Erst recht nicht, und damit war das Urteil über sein Leben gesprochen, als er die Bekanntschaft des bösen Buben Rimbaud gemacht hatte.

Nein, Paul Verlaine hat durchgekostet, was das Leben, so, wie es ist, so alles zu bieten hat. Selbst im nur scheinbar züchtigen 19. Jahrhundert. Er sprach in überreichem Maße dem höllischen Absinth zu, der viel zu spät verboten wurde, er naschte an Drogen, er hurte sich durch die Betten von Prostituierten, die ihm die damals weitverbreitete Syphilis bescherten, er kostete die verbotenen Früchte der gleichgeschlechtlichen Liebe, ganz besonders und nicht allein mit seinem verderbten Kumpan Rimbaud, er zog Nutzen aber auch aus einer Krankenfürsorge, die ihm ein paar Jahre seines verpfuschten Lebens schenkte – ein Wunder schließlich, daß er das, gemessen an seinen Lebensgewohnheiten, gesegnete Alter von 52 Jahren erreichte. Eine alternde Schlampe mit Namen Eugénie läßt ihn schließlich im Hotelzimmer der Rue Descartes allein, in dem der religiösen Wahnvorstellungen zugeneigte Fast-schon-Tote noch die Sterbesakramente erhalten hat. Seine Geliebte betrinkt sich derweil bei geselligen Nachbarn.

In trügerischer Trauerkleidung der alleingelassenen Witwe nimmt sie an der Bestattung teil und nutzt den kümmerlichen Ertrag seines Nachlasses zu zweifelhaften Geschäften, die ihr gestatten, sich selbst zu Tode zu trinken.

Vor ein paar Jahren noch stand dieses Haus in der Rue Descartes als Hotel. Im gleichen Haus hatte sich auch Hemingway ein Zimmer genommen. Das Grab Verlaines, der eigentliche Grund, weswegen ich den Cimetière des Batignolles aufgesucht habe, lag bis vor wenigen Jahren im Schatten einer Schnellstraße, der berühmten Périphérique, die einen Gürtel um die Innenstadt spannt und den früheren Vorstadtfriedhof durchschneidet.

Nach langem Suchen erst fand ich damals das Familiengrab unter der als Brücke angelegten Straße. Es trug den Staub von Jahren, die Vergessen anzeigen. Das Grab des Dichters, dessen Werke zur Pflichtlektüre an den französischen Schulen zählen, schien zu verfallen. Verlaines herannahender hundertster Geburtstag brachte dann die glückliche Wende. Der mächtige Sarkophag wurde gereinigt und erhielt einen zentral gelegenen Platz am Rond Point der Avenue Principale.

Zu den stets präsenten Irrlichtern der in den zwanziger Jahren in Mode gekommenen Cafés am Montparnasse zählte der in der Schweiz geborene Lyriker und Erzähler Blaise Cendrars (1877–1961), der sowohl Apollinaire als auch die Surrealisten beeinflußte. Cendrars, der eigentlich Fréderic Sauser-Hall hieß, hatte schon als 16jähriger das Elternhaus im jurassischen Chaux-de-Fonds verlassen, war mit einem polnischen Diamantenhändler durch Rußland, Sibirien und Persien gezogen, hatte sich in Paris als Bienenzüchter niedergelassen (vielleicht deshalb seine Beziehung zur bienenkorb-geformten Künstlerkolonie Ruche) und sich vorübergehend der Fremdenlegion verpflichtet, was ihm den Verlust einer Hand eintrug (7. Div.). Aber auch von Cendrars' Grab bleibt unausweichlich der Blick auf die stark befahrene Ringautobahn.

Eine Straße, die man über einen Friedhof baut, erfüllt etwa einen ähnlichen Zweck wie eine Rednerschule in einem Trappistenkloster. Zynischer als auf dem Cimetière des Batignolles läßt sich das ›requiescat in pacem‹ kaum denken. In Frieden ruht hier keiner mehr. Aber die Städteplaner, die in den 60er Jahren diese Schändung betrieben haben, werden sicher gesagt haben: Leider, leider läßt sich das mit der Umgehungsstraße nicht umgehen (womit sie im Grundsatz natürlich recht hatten). Dann werden sie darauf verwiesen haben, bitteschön, daß zuvor ja auch schon ... Beispiel Montmartre. Und im übrigen werden sie sich wohl gedacht haben: Die Toten merken eh nichts mehr.

Vielleicht bin ich etwas altmodisch, aber der Gedanke an ewige Ruhe im Schatten einer Autobahnbrücke unter dem Gedröhne der Last- und anderer Wagen macht mutlos und will einen gar nicht erst sterben lassen. Wahrscheinlich ist das ganze Unternehmen eine moderne Form des Fegefeuers.

Es erscheint mir in diesem Zusammenhang als eine gelungene Pointe der jüngeren Pariser Friedhofschronik, daß ausgerechnet auf diesem am wenigsten friedvollen Friedhof am Rande der Stadt einer der Mitbegründer der surrealistischen Schule liegt: André Breton (1896–1966) (31. Div.).

In einem unscheinbaren Reihengrab, das ein Russenkreuz schmückt, ist Fedor Iwanowitsch Schaljapin (1873 bis 1938) bestattet worden, der russische Opernsänger und Schauspieler, der vor allem in seiner Paraderolle des Boris Godunow auf zahlreichen Gastspielreisen in aller Welt Konzertgeschichte geschrieben hat (26. Div.). Vor einigen Jahren wurden seine Überreste in die russische Heimat überführt.

Daß Journalisten zuweilen einem gefährlichen Broterwerb nachgehen, ist bereits am Beispiel des Victor Noir (siehe Père-Lachaise) hinreichend beschrieben worden. Ein ebenso abruptes Ende fand die Karriere des Direktors beim traditionsreichen ›Figaro‹. Dieser Gaston Calmette hatte sich nämlich entschlossen, einen amourösen Briefwechsel des ehemaligen Premierministers Joseph Caillaux in seinem Blatt zu veröffentlichen. Diese tief in die Intimsphäre reichende Form des Enthüllungsjournalismus erregte die Frau des düpierten Premiers derart, daß sie den indiskreten Verleger mit mehreren Revolverschüssen tödlich niederstreckte. Der Mord, der sich 1914 ereignete, sorgte natürlich für beträchtliches Aufsehen, zumal Calmette nicht irgendein dahergelaufener Schreiberling war, sondern auch in der Pariser Gesellschaft über mehr Einfluß verfügte als selbst mancher Spitzenpolitiker. Marcel Proust hatte ihm zu Ehren im Hotel Ritz einmal einen rauschenden Empfang gegeben, der später literarischen Niederschlag fand.

In nämlichem Jahr 1914 richtete sich in der kleinen Ortschaft Vernouillet, im Westen von Paris, in einem Haus mit Garten ein neuer Mieter ein, der sich den Nachbarn als Monsieur Diard vorstellte. Ein ruhiger und stets höflicher Herr mittleren Alters, der allerdings in Herzensdingen offenbar mit dem Schicksal zu hadern hatte. Eine Witwe, gleichfalls mittleren Alters, teilte zwar bald nach seinem Einzug die traute Zweisamkeit, ward aber alsbald im Dorf nicht mehr gesehen. Daß der diskrete Nachbar mit den ausgesuchten Manieren fortan weitere Damen zu sich ins Haus lud, blieb den Leuten im Ort verborgen. Auch, daß er gar nicht Diard hieß und nicht Dupont – unter diesem Namen hatte er sich später in einem anderen Ort eingenistet –, sondern Henri Désiré Landru. Jahre später erst kam ihm die Polizei auf die Schliche. Penibel hatte er alle seine amourösen Abenteuer in einem Merkbuch aufgelistet. Meist waren es lustige Witwen und andere alleinstehende Damen, denen er den Hof machte, um sie um ihre Ersparnisse zu bringen. Fast 300 Frauen waren auf den Schwindler, der längst verheiratet war und ein Doppelleben führte, hereingefallen. Dabei war Landru nicht gerade ein Beau. Ein schütterer Haarkranz schmückte den Kahlkopf, der wildwuchernde Rotbart machte ihn auch nicht attraktiver, und über der langen, spitzen Nase musterte unter buschigen Brauen ein stechender Blick den Partner. Andererseits beherrschte ihn eine heftige sinnliche Begierde, deren Qualitäten beim nachfolgenden Prozeß gegen ihn die betrogenen Zeuginnen noch unverhohlen Anerkennung zollten. Freilich, alle Damen konnten nicht mehr aussagen, zehn von ihnen blieben nämlich verschwunden. Zwar hatte man in Haus und Garten Landrus allerlei Accessoires gefunden, die an der Vertraulichkeit zwischen dem Angeklagten und den Zeuginnen keinen Zweifel ließen, aber die Damen selbst – sprich: die vermuteten Leichen – waren, selbst in Teilen, nicht aufzufinden.

Mochte sich Landrus Verteidiger auch noch so sehr auf dieses nicht unwichtige Detail stützen – was ist ein Mord schon ohne Leiche? – auf Grund erdrückender Indizien wurde Landru schuldig gesprochen und zum Tode verurteilt. Am 25. Februar 1922 ist er in Versailles hingerichtet worden. Noch in seiner Todesstunde jedoch bewahrte er Haltung. Auf das Anerbieten des Geistlichen, ihn noch die

Jane Margyl (gest. 1907), gefeierter Bühnenstar an
der Pariser Oper.

Messe hören zu lassen, antwortete er in aller Ruhe: »Im Grunde genommen mit größtem Vergnügen, Pater. Aber ich meine, wir sollten die Herren Scharfrichter nicht allzu lange warten lassen.«

Das Grab Landrus ist nicht mehr auffindbar. Mit hoher Wahrscheinlichkeit ist er, ebenso wie fast alle hingerichteten Verbrecher, auf dem Friedhof von Ivry-sur-Seine im Süden von Paris bestattet worden. Sein Verteidiger jedoch, Henri Robert (1863–1936), der Präsident der Pariser Anwaltskammer, liegt auf dem Cimetière des Batignolles begraben.

Picpus

Das Land, in dem das hehre Prinzip der Gleichheit einen so hohen Stellenwert besitzt, läßt gleichwohl im Detail feine Unterschiede zu. Das gilt natürlich für das irdische Leben, wo nicht jedermann und irgendwer Anteil an den Freuden und Rechten hat, die dann doch wieder aus pekuniären oder berufsbedingten Gründen einer Minderheit vorbehalten sind, das gilt aber selbst für den schicksalshaften Tag, an dem nach vorherrschender und von der Kirche gestützter Meinung alle Menschen nun wirklich gleich werden. Nun soll an dieser Stelle nicht etwa vorlaut und inkompetent über die Umstände, die uns der Jüngste Tag bescheren wird, philosophiert werden. Dieses Buch will sich ja – örtlich streng begrenzt zudem – nur mit dem zeitlich unüberschaubaren Zwischenstadium befassen: der Wartestation gewissermaßen, des Friedhofs. Und da kann nun keiner kommen und mit dem Begehr aufwarten, nicht eben hier, sondern ausgerechnet dort bestattet zu werden.

Mag auf dem Père-Lachaise oder in Passy, wie zitiert, die lange Warteliste bereits manchen abschrecken, so bleibt das Tor von Picpus rundweg jedem verschlossen, der zu seinen Ahnen nicht eben jene zu zählen weiß, die innerhalb weniger Wochen nur auf dem nahegelegenen Richtplatz dem Fallbeil zum Opfer fielen. Wer einen solchen Stammbaum nicht vorweisen kann und dennoch den Hang in sich verspürt, auf Picpus und nirgend sonst begraben zu werden, dem bleibt lediglich die nicht sehr erfolgversprechende Chance einer Einheirat in die privilegierten Familien. Eine einzige Ausnahme hat es gegeben – von der wird noch zu reden sein.

Dabei ist es ein ganz und gar tristes Terrain. An der

trostlosen, langgestreckten Rue de Picpus gelegen, hat es nicht den melancholischen Charme des Cimetière de Montmartre, kennt auch nicht die waldbestandenen, hügeligen Pfade des Père-Lachaise, geschweige denn die Zypressenromantik von Passy.

Und selbst der gleichfalls topfebene Cimetière de Montparnasse wirkt im Vergleich zu Picpus geradezu heimelig. Hohe Mietshäuser und Verwaltungsbauten grenzen Picpus ein, verleihen ihm den Charakter eines Innenhofes. Hinzu kommt, daß ganz bewußt auf jeden architektonischen Schnickschnack verzichtet wurde. Gäbe es je einen Zweifel, daß Trauer auf den Gräbern lastet – hier wäre er wie weggewischt.

Besucher, so gewinnt man schnell den Eindruck, sind nicht unbedingt erwünscht, werden aber geduldet. Allerdings nur nach Voranmeldung. Der mißmutige Friedhofsführer – denn ohne Aufsicht darf hier niemand umherschwirren – läßt uns erst einmal warten. Wahrscheinlich, um unsere Andacht zu testen. Es gilt also, in der schlichten Kapelle zu verharren, in der die Namen der Hingerichteten eingemeißelt sind.

Die anschließende Führung selbst beginnt mit dem mahnenden Hinweis, einige Verhaltensregeln einzuhalten. Dabei musterte der Führer, der – wohl, um nicht ganz so streng zu wirken – statt einer Schild- eine Baskenmütze auf dem Kopf zurechtgerückt hat, mißbilligend meinen Fotoapparat, als sei der eine Guillotine im Kleinformat. Bilder, sagt er, dürfen nur vom Grab des General La Fayette, von der Gedenktafel und der Stelle gemacht werden, wo die beiden Massengräber lagen. Ferner eine Gesamtansicht. Dabei rasselt er ein wenig mit dem Schlüsselbund, als sei er der Kerkermeister, der die Verurteilten gleich zum Schafott führen werde.

Der Name Picpus ist von unbestimmter Herkunft. Wahrscheinlich jedoch hat er seinen Ursprung in einer zu Beginn des 18. Jahrhunderts ausgebrochenen Epidemie, die mit dem äußeren Kennzeichen von Eiterbläschen, den Pusteln, einherging. Aufopferungsvoll haben die in diesem Quartier lebenden Nonnen die Kranken gesund-gepflegt, erzählt unser Führer. Bereits um 1640 hatten die aus Reims zugezogenen Stiftsdamen von St. Augustin sich dort niedergelassen und ein Kloster gegründet.

Als die kirchenfeindlichen Herrschaften der Revolution an die Macht kamen, hatte es mit dem Kloster erst einmal ein Ende. Am 22. Mai 1792 wurden die 24 Ordensschwe-stern und wer da sonst noch Schutz vor der turbulenten Außenwelt gesucht hatte, vor die Tür gejagt. Unter Zu-rücklassung, versteht sich, der dort angesammelten Kunst-werke.

Als zwei Jahre später die Revolution erst richtig in Schwung gekommen war und der routinierte Scharfrich-ter Samson (siehe Montmartre) etliche Sonderschichten einlegen mußte, besann man sich wieder des enteigneten Klostergeländes.

Inzwischen nämlich war das Pariser Publikum des Hin-richtungsspektakels zunehmend überdrüssig geworden. Am 9. Juni 1794 – die Revolution fraß immer hungriger ihre Kinder, auch Danton hatte sich inzwischen wortreich von der Szene verabschiedet – stellte man das Blutgerüst auf die Place de la Bastille, wo sie nach heftigem Protest der Anwohner bereits drei Tage später wieder zusam-mengepackt werden mußte. Die Place de la Nation, die damals noch den Namen ›Platz des gestürzten Thrones‹ trug, sah zwischen dem 14. Juni und dem 27. Juli, also in-nerhalb von nur sechs Wochen, 1306 Hinrichtungen. Ein schauriges Finale, in dessen Verlauf Samson am 17. Juni allein innerhalb von nur 54 Minuten 24 Todesurteile voll-streckte.

Um dem aufkeimenden Unmut der Bevölkerung kein Ventil zu lassen, war es vonnöten, an einer möglichst nahegelegenen und verschwiegenen Stelle ein Massen-grab zu schaffen, das man eben im Garten des vormaligen Klosters von Picpus ausfindig machte. Eine Tafel listet heute auf, wer in dieser mörderischen Schlußphase der Fallbeilorgie, der bezeichnenderweise auch Robespierre zum Opfer fiel, noch sein Leben lassen mußte. Natürlich und noch immer etliche Aristokraten und Angehörige des Großbürgertums sowie Priester und Nonnen, die angeblich singend das Schafott bestiegen haben, aber in der Mehrzahl bereits Vertreter einfacherer Stände. Dienstboten etwa oder Handwerker von gewiß nicht blauem Blut. Selbst ein 18jähriges Mädchen und ein 16jähriger Junge wurden nicht verschont, da sie Kinder der gleichfalls geköpften Madame de Sainte-Amaranthe waren.

Zu den prominentesten Opfern zählte der Marquis de Beauharnais, der sich zunächst noch auf die Seite der Revolution geschlagen hatte. Seine Frau Josephine wird ebenfalls eingekerkert, dann aber freigelassen, um zehn Jahre später nach dieser mißlichen Episode an der Seite Napoleons zur Kaiserin gekrönt zu werden.

Auch der Dichter André Chénier hatte anfangs mit den Idealen der neuen Herrscher sympathisiert, hatte sich dann aber, entsetzt über die vielen Greueltaten, zu einem ihrer schärfsten Kritiker entwickelt. Im Wettlauf gegen die Zeit starb Chénier zwei Tage vor seinem Erzfeind Robespierre.

Unter den illustren Namen findet man ferner Angehörige der Familien Chateaubriand, Noailles und La Rochefoucauld.

Und schließlich nahm ein fast schon 70 Jahre alter Mann im fernen Paris ein trauriges Ende, der sich schon in jungen Jahren Ärger eingehandelt hatte: Friedrich Freiherr von der Trenck, der Gardeleutnant Friedrich des Großen und unbotmäßiger Liebhaber der Königsschwester Amalie. Nach einem abenteuerlichen Leben verschlug es ihn Anfang 1793, als alten Mann bereits, nach Paris. Der Haudegen wurde schließlich einer Verschwörergruppe zugerechnet, und als man ihm dies nicht nachweisen konnte, verurteilte man ihn eben wegen erwiesenen Fluchtversuchs. Ein Lustspiel nach Art des Herrn Robespierre, soll der preußische Freiherr gespottet haben. Nicht wissend, daß es um eben den auch nicht mehr zum besten stand.

Als der Spuk des Terrors vorüber war, machte sich

LES DEUX F.C. CONTIENNENT LES 1306 CORPS
DES VICTIMES DE LA BARRIÈRE DU TRÔNE
197 FEMMES ——— · ——— 1109 HOMMES

7 RELIGIEUSES	108 GENS D'ÉGLISE
16 CARMÉLITES	108 EX. NOBLES
51 EX. NOBLES	136 GENS DE ROBES
123 FEMMES DU PEUPLE	178 GENS D'ÉPÉE
1930	579 GENS DU PEUPLE

die deutsche Prinzessin von Hohenzollern-Sigmaringen
heimlich nach Paris auf, um ihren dort verscharrten Bruder zu suchen, der als deutscher Spitzel zum Tode verurteilt worden war. Es gelingt ihr, einen Teil des Terrains zu
kaufen, und in den folgenden Jahren schließen sich die
Familien der Toten zu einer Art Interessengemeinschaft
zusammen. Schließlich wird auch das Kloster neu gegründet.

1805 findet nach dem Tod einer Madame Freteau die
erste ›ordentliche‹ Bestattung statt. Ein einziges Grab fällt
gleich auf den ersten Blick auf. Es gehört General La Fayette, der am amerikanischen Freiheitskampf teilgenom-
men und dort viel Ruhm eingeheimst hatte. Nach seiner
Rückkehr übernahm er im revolutionären Paris die
Führung der Nationalgarde, was ihm die Verachtung seiner Standesgenossen, aber auch das wachsende Miß-

trauen der Jakobiner eintrug. Der drohenden Verhaftung entzog er sich durch rechtzeitige Flucht ins Ausland, aus dem er erst Jahre später heimkehrte, um sich, weil er sich mit Napoleon nicht arrangieren wollte, auf ein Landgut zurückzuziehen. 1834 starb er hochbetagt und wurde unter großen Ehrenbezeugungen auf Picpus beigesetzt.

In den Vereinigten Staaten hat man bis heute das Engagement des französischen Generals im Unabhängigkeitskrieg nicht vergessen. Auf seinem eingezäunten Grab weht das Sternenbanner, und jedes Jahr, am 4. Juli, bemüht sich der amerikanische Botschafter in Paris auf den verschwiegenen Friedhof.

Nicht einmal die Nazis, sagt unser Führer mit der Baskenmütze, haben es gewagt, während der Besatzungszeit die Fahne zu entfernen.

Und was ist mit dem einzigen, der es geschafft hat, die strengen Aufnahmeregeln in die aristokratische Totengemeinschaft zu umgehen? Es handelt sich um den Historiker und Schriftsteller Georges Lenôtre, der sich in seinen Studien besonders ausführlich mit den Jahren der Revolution befaßt und in seinem Werk »Der Garten von Picpus« die tragische Geschichte des Klosters beschrieben hatte. Lenôtre hatte zeitlebens davon geträumt, dort selbst bestattet zu werden. Ein Wunsch, den man ihm noblerweise erfüllt hat.

Aber, sagt unser Führer mit erhobener Stimme, das ist und bleibt die Ausnahme, und schaut mich dabei über die Ränder seiner getönten Brille an, als hätte ich gerade einen Aufnahmeantrag gestellt.

St.Ouen

Ein Sonntag in St. Ouen. Ein naßkalter nebliger Tag. Wie Tage im tiefen November zu sein pflegen, über die man zu schreiben hat. An solchen Tagen schlendert man nicht, Spaziergänge im November haben eher etwas Zielstrebiges. Aber es war ein Tag im Februar, und ich war allein.

Unentschlossen in der Frage, ob ich nun dem Kongreß der Kommunistischen Partei oder dem Grab Ödön von Horváths einen Besuch abstatten sollte, entschied ich mich für den Schriftsteller.

… troff unablässig der Pariser Regen, den man so gern als silbrig bezeichnet. Doch war er nur naß und schmutzig-grau.

Ein Sonntag in St. Ouen. Trister noch als alle anderen Tage. Wer seine Illusionen vom Glanz und Glimmer der glitzernden Lichterstadt mit einem Grauschleier überziehen will (aber wer will das schon?), der fahre sonntags nach St. Ouen. Andere Orte der Banlieue, des Pariser Vorstadtgürtels, sind nicht viel lustiger, aber St. Ouen nennt selbst der eher nüchtern urteilende ›Blaue Führer‹ »déshéritée«, was eigentlich »enterbt« heißt und in diesem Zusammenhang soviel wie stiefmütterlich behandelt bedeutet. Raymond Queneau hat diesem zu kurz gekommenen Stiefkind der Matrone Paris einen »St. Ouen's blues« gewidmet. Auf eine zärtliche Romanze hat sich noch niemand besonnen.

Der rund 25 Hektar große Friedhof paßt sich der trüben Stimmung an. Ödön von Horváth, so habe ich herausgefunden, ist in der 28. Division, 32. Reihe, im neunten Grab bestattet worden. Das erfordert, fast den ganzen Friedhof zu durchqueren.

Der lange, an eintönigen Grabquadraten vorbeiführende Weg streift ein Flügelpaar, das sich wie eine flehende Hand zum Himmel reckt, die Gedenkstätte für den Flugpionier Gustave Lemoine (1902–1934), der, im Wettstreit mit seinen ehrgeizigen Konkurrenten, einen ersten Höhenrekord aufstellte.

In der Nähe des Eingangs das Grab der Suzanne Valadon (1867–1938), der Mutter von Maurice Utrillo, dem ›letzten Bohémien vom Montmartre‹, wie man ihn genannt hat (siehe Cimetière de St. Vincent). Als Seiltänzerin hatte sie sich auf den Jahrmärkten der Stadt ein paar Francs verdient, dann auf dem Trapez. Aber sie ist gerade 15 Jahre jung, als die Hand ins Leere greift und Suzanne mit gebrochenen Gliedern zwar nicht ihr Leben, aber ihre Karriere lassen muß. Renoir wird auf sie aufmerksam, nimmt sie als Modell, Toulouse-Lautrec erteilt ihr Unterricht und ist begeistert von ihren ersten Malversuchen. Edgar Degas, einer der wenigen, der Geld in der Tasche hat, kauft ihr die ersten Bilder ab.

Mit 16 hatte die junge Malschülerin einen Sohn geboren, den sie Maurice nennt, und der noch als Jugendlicher seine erste Entziehungskur hinter sich bringt. Maurice, später Schüler der Mutter, wird sie noch an Ruhm übertreffen. 1938 stirbt die Valadon.

… dann kamen wir – eine jammervolle Schar zerzauster Vögel, auch soweit wir noch gute Kleidung und ungeflickte Halbschuhe trugen …

Natürlich hatte ich längst zuvor den verhängnisvollen Baum am Rond Point der Champs-Élysées gesucht. Eine Kastanie, wie in manchen Büchern steht, eine Ulme, wie Carl Zuckmayer behauptet. Zuckmayer war ein Freund Horváths. Er hielt auch die Grabrede, richtiger gesagt: eine der Grabreden, denn viele wollten das Wort ergreifen.

Aber der Reihe nach. Ödön war als Sohn eines ungarischen Diplomaten 1901 im damals noch österreichischen Fiume geboren. Zu Beginn der 30er Jahre rissen sich die Bühnen um seine Volksstücke. Die Zuschauer wollten in ihnen den bösen Nachbarn erkennen und waren oft selbst damit gemeint. Aber die nationalsozialistischen Kulturzensoren, die bald das Sagen hatten, strichen ihn vom Spielplan. Horváth wurde zur unerwünschten Person erklärt, erst in Deutschland, dann auch in Österreich. Über Italien und die Schweiz hatte es den Ungarn, der seine Emigrantenrolle erst noch lernen mußte, nach Amsterdam verschlagen, wo er mit Verlegern über einen neuen Roman verhandelte. Die Anziehungskraft, die Schausteller und Gaukler, auch die Welt der Magie auf ihn ausübte, hatte ihn einen Hellseher (oder war es – anderen Quellen zufolge – eine Wahrsagerin?) nach seiner Zukunft befragen lassen. Und der (oder die) hatte ihm den Weg nach Paris gewiesen. (»Es erwartet Sie dort das entscheidende Ereignis Ihres Lebens.«)

Warum eigentlich nicht Paris? Auch dort galt es, Kontakte zu knüpfen, mit seinem französischen Übersetzer und einem emigrierten Theaterdirektor. Vor allem aber mit Robert Siodmak, der schon seit langem mit ihm über die Verfilmung seines Romans »Jugend ohne Gott« sprechen wollte. Zuckmayer schreibt in seinen Memoiren, Horváth habe sich mit Siodmak bereits verabredet, ihn auch im Vorübergehen getroffen, aber darum gebeten, das Gespräch aufzuschieben – »er habe etwas Dringendes vor«. Draußen tobte nach dem schwülheißen Tag ein Gewitterregen. Und auf der Höhe des Marigny-Theaters fiel, vom schweren Schauer getroffen, ein Ast auf den Dahinlaufenden. Horváth hat wohl noch instinktiv den Kopf eingezogen, das Holz traf ihn mitten im Genick. Er war auf der Stelle tot. Er hatte das »entscheidende Ereignis seines Lebens« nicht verfehlt. Der Hellseher ist nie nach seiner düsteren Prophezeiung befragt worden. Jedenfalls ist nichts davon überliefert.

... da gingen viele mit jenen undefinierbaren verschabten Schals um den Hals, wie sie den Beginn der Verelendung kennzeichnen ...

So leicht ist das Grab nun doch nicht zu finden. 28. Division, 32. Reihe, 9. Grab. Von rechts gezählt, von links abgeschritten. Die auf halber Höhe abgeschnittene Reihe mitgerechnet oder außer acht gelassen?

… draußen führten die Gleise eines Rangierbahnhofs vorbei. Ohne Unterlaß hörte man das Rattern und Bremsenkreischen verschobener Güterwagen und das laute Rufen und Schreien von Bahnarbeitern …

Auch Bahnarbeiter haben einen Sonntag. Draußen in St. Ouen. Kein Rattern und kein Kreischen, aber ich habe das Grab gefunden. Es wirkt kontrastreich schlicht zu seinem Sterben. Ein theatralischer Tod fordert vielleicht ein einfaches Grab.

Eine illustre, vielschichtige, von überallher geeilte und doch versprengte, in ihrem Erscheinen absurd wirkende Gesellschaft. Würdige Reden wurden gehalten, oder zumindest haben sie Würde vermitteln wollen. Und auf den Gleisen hinter der nicht allzu weiten Friedhofsmauer lärmten die Bahnarbeiter und verabredeten sich zu einem Glas in der nächsten Kneipe. Ödön, notierte Carl Zuckmayer später, würde sich, wenn er noch am Leben wäre, totlachen.

… und auf alles das troff unablässig der Pariser Regen, den man so gern als silbrig bezeichnet. Doch war er nur naß und schmutziggrau.

*

Noch einmal ein Zeitsprung. Wie zuvor bei Verlaine (siehe Batignolles) geschildert, war es ein herannahendes Gedenkdatum, das Bewegung in längst gehegte Absichten brachte. Rechtzeitig zu seinem 50. Todestag wurde der Sarg von Horváths mitsamt Grabstein auf Wunsch seiner Familie und mit Unterstützung des Wiener Bürgermeisters Zilk in die österreichische Hauptstadt überführt, um ihm auf dem Heiligenstädter Friedhof ein Ehrengrab der Stadt Wien zu widmen.

Nach ergebnislos verlaufenem Nachgang in die 28. Division, 32. Reihe, 9. Grab, hatte mir die zunächst ebenso höfliche wie kenntnisarme Friedhofsverwaltung per Aktenlage bestätigt, was meine Recherchen zuvor bereits angekündigt hatten. Im übrigen war dem diensthabenden Schalterbeamten, Dienstschluß 17 Uhr 30, der Name von Horváth, Vorname Ödön (für einen Franzosen unaussprechlich und nicht nachvollziehbar), Beruf: Schriftsteller und Nationalität: österreichisch ohnehin völlig unbekannt. Retour à Vienne. Die Akte von Horváth war geschlossen.

Thiais

Thiais liegt noch weiter draußen als St. Ouen. Aber die oft engen Straßen, durch die der Bus fährt und die noch den rauhen Atem der Arbeitervorstadt spüren lassen, führen auch schon an den ersten Reihenhäuschen vorbei und an Vorgärten. Die Provinz, la campagne, streckt zaghaft die ersten Fühler aus. Ein paar Kilometer weiter noch, und man ist fast schon auf dem Land. Der blaß gewordene rote Gürtel von Paris hat hier noch dunkle Tupfer. Eine Schule in Villejuif ist nach Karl Marx benannt. Das wird man im zunehmend konservativen Paris vergeblich suchen. Hier sitzen noch Kommunisten im Gemeinderat, und wenn die Genossen vom Zentralkomitee im Wahlkampf ein Erfolgserlebnis haben wollen – hier lassen sich noch Säle füllen.

Rungis liegt nicht weit, der neue Bauch von Paris, die Markthallen im Exil. Und auch die Einflugschneise der beiden Flughäfen von Orly.

Thiais ist mir als der traurigste aller Pariser Friedhöfe beschrieben worden. Zumindest ist es der jüngste und der größte. Der Armenfriedhof auch. Das letzte Hemd hat keine Taschen. Und wer keinen Sou mehr in der Tasche getragen hat (die längst abgeschaffte und im Volksmund noch immer populäre Kleingeldwährung), den karrt der Leichenwagen nach Thiais.

103 Hektar wollen abgewandert sein. Thiais ist zweieinhalbmal so groß wie der Père-Lachaise. Nur die Hügel fehlen. Auch die prominenten Namen. Wenn denn Joseph Roth nicht wäre – Thiais wäre Niemandsland geblieben. (Nicht einer meiner Pariser Bekannten hat den Friedhof jemals gesehen. Viele kennen nicht einmal den Namen der entlegenen Vorstadt.)

Ein Friedhof von 103 Hektar und vielen hunderttausend Toten will verwaltet sein. Deshalb ist der noch relativ junge Mann in der Empfangshalle, die natürlich keine Empfangshalle ist, sondern Warteraum für Besucher, die Auskünfte erfragen wollen, auch sehr beschäftigt. Mit der Verwaltung im allgemeinen und ausnahmsweise auch mal einer privaten Verabredung, die mich gar nichts angeht und die zu ignorieren ich mir alle Mühe gebe. Aber der erweckte Anschein, ich wollte anderen und weniger privat gefärbten Geräuschen lauschen, war wohl kläglich. Es zwitschern ja noch nicht einmal Vögel vor dem Fenster. Also bricht der relativ junge Mann sein relativ langes Gespräch plötzlich ab, mit dem Hinweis, er habe Kundschaft, was ich so eigentlich nicht akzeptieren möchte, und legt den Hörer auf. Einen Moment noch, ruft er mir zu, und erweckt den Eindruck hektischer Betriebsamkeit, nachdem er mit einem in mehreren Schubladen gesuchten und endlich gefundenen Schreibwerkzeug Zahlen oder Buchstaben in ein großes Buch notiert.

Dann endlich ist die Reihe an mir. An wem auch sonst – ich bin der einzige Kunde. Es ist später Samstagvormittag, keine Zeit für Friedhofsbesuche. Joseph Roth, frage ich, ein österreichischer Schriftsteller.

Der Beruf spielt keine Rolle, weist mich der Mann am Schalter zurecht. Womit er wohl recht hat, auf dem Friedhof.

Jahrgang?

Geburt?

Tod? – Natürlich!

1939. Ich zögere keinen Augenblick. Schließlich habe ich mich vorbereitet.

Neunzehnhundertneununddreißig, wiederholt der Mann am Schalter gedehnt. Sind Sie sicher?

Ziemlich.

Aha. Der Mann von der Verwaltung hat sein Erfolgserlebnis. Roth, Joseph. Und dann schreibt er aus einem dicken schwarzen Buch die notwendigen Daten ab. Und notiert sie auf einem Zettel, der die »Situation de Sépulture« anzeigt: Roth, Joseph. Begräbnisdatum: 30. 5. 39. 7. Division, 5. Reihe, Nr. 22. Den Ex-König Zog I. von Albanien kennt er auswendig, jedenfalls von der Grablage her. Danach hat ihn erst gestern jemand gefragt. Mich interessiert zunächst einmal: Roth, Joseph.

... da wankte Joseph Roth, der verehrte Dichter, total betrunken, wie gewöhnlich in dieser Zeit, mit bekleckertem Anzug, auf zwei jugendliche Bewunderer gestützt.

So hatte ihn Carl Zuckmayer beim Begräbnis von Ödön von Horváth gesehen. Fast auf den Tag genau ein Jahr später ist Joseph Roth selbst hinausgetragen worden. Nicht nach St. Ouen, in den grauen Norden, sondern eben nach Thiais, in den nicht ganz so grauen Süden von Paris. Auf den Armenfriedhof. Er ist nicht als Hungerpoet gestorben, es hat immer wieder Freunde und Gönner gegeben, die ihn über Wasser hielten.

Joseph Roth hat sich totgesoffen. Natürlich stand es so nicht auf dem Totenschein. Wegen einer Lungenentzündung hatte man ihn ins Neckerhospital eingeliefert. Geschwächt und bereits vom Tode gezeichnet. Der Wille zum Überleben und Weiterleben sei dagewesen, haben später seine Freunde behauptet. Die ihn gesundpflegen sollten, hätten ihn umgebracht, weil sie ihm, dem notorischen Alkoholiker, den erbetenen, wohl erflehten Griff zur Flasche nicht gestattet hätten. Sicher hat die »Legende vom heiligen Trinker«, die er in den Monaten vor seinem endgültigen Niedergang verfaßte, etwas Testamentarisches.

Die Trauergesellschaft, die sich am 30. Mai 1939 in Thiais einfand, war in ihrer Zusammensetzung wohl noch grotesker als ein Jahr zuvor in St. Ouen. Ein französischer Abgeordneter hatte sich eingefunden, der Sekretär Otto von Habsburgs, Monarchisten und Kommunisten, Leute, die sich wohl nie an einen Tisch hätten setzen wollen, und viele Emigranten waren natürlich darunter. Egon Erwin Kisch war gekommen, der rasende Reporter, Alfred

Polgar und natürlich Hermann Kesten, der ihn so lange während der Jahre der Emigration im Auge behielt. Der mit ihm zusammen in Nizza im gleichen Haus wohnte, auch Heinrich Mann hatte sich dort einquartiert, und mit dem er, wie er später berichtete, »viele Jahre in denselben kleinen Hotels lebte, schrieb und plauderte und mit denselben Freunden in denselben Kaffeehäusern zusammensaß.« Joseph Roth, der »sogar auf eine unterhaltende Weise schwieg«, und »in vielen Städten Europas war sein Kaffeehaustisch eine Tafelrunde«. Pünktlich zum 30. Januar 1933 verließ Roth Deutschland, um sich dann, nach Zwischenstationen, in Paris niederzulassen. »Hier, wenn überhaupt, war er zu Hause,« notiert Kesten. In einer Stadt, die er als »Protest gegen Hindenburg« sah.

Im Gegensatz zu vielen anderen Emigranten trieb es Roth nicht von einer Wohnung in die andere. Eigenem Bekunden nach hatte er überhaupt nie eine Wohnung. Entweder hat er bei Freunden gewohnt oder eben meistens in Hotels. Im Hotel Foyer, schräg gegenüber damals vom Palais du Luxembourg, hatte er sein Quartier aufgeschlagen und war, wie so viele andere Stammgäste, fassungslos, als das durchaus renommierte Haus abgerissen wurde. Aber er wollte die ihm so vertraute Rue de Tournon am Jardin du Luxembourg nicht verlassen. Die République de Tournon, wie er den Platz nannte. Eine Straße übrigens, die längst vor Roths Einzug Geschichte gemacht hatte. Balzac hatte in dieser Straße gewohnt und André Gide, Lamartine und Alphonse Daudet, der Cocteaufreund Radiguet (siehe Père-Lachaise) ist dort gestorben und der Schauspieler Gérard Philippe. Der Revolutionär Danton hatte dort einen konspirativen Klub, und viele Herzöge hatten sich dort ein Palais bauen lassen.

Joseph Roth zog also in ein gegenüberliegendes Café, das heute noch existiert und dessen Pächterin, Madame Alazard, ihn gutmütig und großzügig versorgte. Aber da blieben dem wechselweise Anhöhen der Hoffnung und Jammertäler Durchschreitenden nur noch zwei Jahre und ungezählte Flaschen. »Getränke«, wie Klaus Mann

beobachtete, »von ungewöhnlich dunkler, bräunlichtrü-
ber Farbe und geradezu diabolischer Intensität.« Hermann Kesten, bei dem nichts Übles über Roth nachzulesen ist, nannte seinen Freund »einen der gewaltigsten
Trinker seiner Zeit«.

Erst lange nach dem Krieg hat man sich des fast schon
vergessenen Grabes in Thiais besonnen, das zunehmend
verrottete und kaum noch identifizierbar war. Heute bedeckt es eine neue Platte, und fürsorgliche Hände haben
ein paar Blumen gepflanzt. Es befindet sich übrigens,
wenn ich richtig abgezählt habe, nicht in der fünften, sondern in der fünfzehnten Reihe.

Es wird ein weiter Spaziergang zurück. Ganz selten rollt
ein Auto vorüber, das die langen Reihen abtastet. Ganz so
traurig, wie beschrieben, wirkt der Friedhof nicht. Aber
das mag auch an dem milchig-matten Frühsommerlicht
liegen, das zaghaft Schatten wirft. Mächtig bauen sich zur
Linken, zypressen-geschmückt, die Säulen einer Ehrenstätte auf, die das Ende einer ganzen Dynastie anzeigen.
Das Grab des Exkönigs Zog aus Albanien. Zog des Ersten,
auf den kein Zweiter folgte. Das Wappen eines Doppel-
adlers im Purpurmantel kündet von verlorener, im Exil
beanspruchter und nie wiedergewonnener Macht. Sein
Sohn hatte sich nach dem Tode des Vaters in Spanien niedergelassen und ist heute in Südafrika zu Hause. Aber es
muß auch in Paris noch einen Kreis albanischer Monarchisten geben. Das Grab ist jedenfalls geschmückt wie nur
wenige andere. Der König im Exil – selbst im Tod kein
Gleicher unter Gleichen. Man mag sich den Monarchen
eher auf dem Père-Lachaise vorstellen oder auf Montparnasse. Da, wo die Bronzebüsten grüßen und die Mar-
morengel, wo die Wartehalle des Jenseits zum Salon geraten ist.

Hier, im weitflächigen Thiais, ist alles eine Spur kleiner.
Da trotzen nicht welken wollende Wachsblumen in langer Blüte den bösen Wintermonaten. Da deckt ein ein-
graviertes Palmblatt das Versprechen, daß man den ewig
und über alles geliebten Vater oder Sohn oder Onkel oder

Enkel nie vergessen werde. Da ist ein rosengeschmücktes Porzellanbuch mit eingeknickter Seite aufgeschlagen, auf der vom »Buch des Lebens« berichtet wird, es sei »ein letztes Buch«, dessen Seiten man nicht beliebig aufschlagen könne. Es sind die stets gleichen und gleich einfallslosen Formeln festgezurrter Trauer, wie sie in den Zeitungsanzeigen nachzulesen und hernach wetterfest und goldgraviert in einem Laden für Grabbedarf für teures Geld erstanden werden. Aber wer weiß schon, wie Heine, Verse zu reimen, die einer Inschrift würdig sind? Wen drängt es zu einem Sechszeiler, wie Alfred de Musset, im Sehnen nach der Trauerweide? Und wer besitzt die Kaltschnäuzigkeit eines Bernard Shaw, des damals schon über 90jährigen, als Epitaph sich selbst zu Ehren die Worte vorzuschlagen: Hier ruht Bernard Shaw. Wer zum Teufel war das? Nein, zum Tod fällt den Lebenden nicht sehr viel ein.

Und dann natürlich die Bildchen. Die vielen kleinen geschönten Paßfotos. Braucht selbst ein Toter seinen Paß?

In Deutschland darf – das schleswig-holsteinische Verwaltungsgericht hat es entschieden – »eine Grabstätte auf einem Friedhof nur dann mit einer bildlichen Darstellung des Verstorbenen versehen werden, wenn die jeweilige Friedhofssatzung dies gestattet«. Die sechste Kammer des Gerichts hat im Juni 85 die Klage eines Mannes gegen die evangelisch-lutherische Gemeinde in Kremperheide im Kreis Steinburg abgelehnt. Der gute Mann wollte am Grabmal seines Sohnes ein Porzellanporträt anbringen. Aber: eine rechte deutsche Kirchengemeinde hat eine Satzung, und in selbiger stand und steht geschrieben: Jegliche bildliche Darstellung verstorbener Personen auf Grabstätten ist verboten. Solche Bilder, so befanden die strengen Hüter der Satzung, wirkten »aufdringlich, unruhig und effektheischend«.

Bei solch überzeugender Argumentation fiel es den Richtern leicht zu befinden, das Recht auf individuelle Grabgestaltung sei nicht schrankenlos, sondern finde seine Grenzen im Gemeinschaftscharakter des Friedhofs.

Manchmal wird mir klar, warum viele Franzosen meinen, die Deutschen seien zwar ganz nett, aber eben doch Deutsche.

Ist Paul Celan Deutscher gewesen? Oder Österreicher? Oder als in Cernowitz geborener womöglich Russe? Oder eben einer aus der Bukowina – mag doch die politische Konjunktur entscheiden, wem das zuzurechnen ist. Als Paul Antschel wurde er geboren und Jude war er und ein in Paris Gestrandeter war er allemal, der, fünfzigjährig erst, aus dem Leben scheiden wollte, in der Seine ertrank. Spuren deutscher Lyrik? Zweifel bleiben. (31. Div.)

Wahrscheinlich ist die Medaillonmanie auf französischen Friedhöfen die bescheiden angelegte Fortsetzung der Büstenehrung. Aber für wen? Der Tote selbst wird unserem Kenntnisstand nach keinen Nutzen daraus ziehen. Oder sollen sich die Hinterbliebenen am Abbild des Verstorbenen erfreuen, die zufällig vorüberschlendernden Passanten gar Gewißheit erlangen, daß Opa Dupont zeitlebens mit abstehenden Ohren gesegnet war? Pietätlose Spötter könnten meinen, die Bilder dienten der leichteren Identifizierung am Tag des Jüngsten Gerichts.

Zum Sterben fällt den Lebenden nicht sehr viel ein. Dabei sagt eine Altwiener Weisheit: Wannsd lebn wüsd, muaßt übers Sterbn redn … der Tod muß eben doch ein Wiener sein.

Hundefriedhof

Läßt sich denn ein Schlußpunkt setzen, ohne die Clichy-Brücke nach Asnières zu überqueren und wenigstens einen flüchtigen Blick auf den Hundefriedhof zu werfen? Folgt auf Allerheiligen nicht Allerseelen? Der Tag, wahrlich nicht der einzige im Jahr, an dem Hunderte von Parisern auf die l'Ile des Ravageurs pilgern. Im November ist's gut trauern. Um alles, was einem liebgeworden war. Victor Hugo immerhin, auf den darf man sich schon berufen, hat gesagt: Der Hund ist die Tugend, die nicht Mensch werden konnte und daher zum Tier geworden ist. Wenn Hugo das schon sagt …

Der Tugend also gilt es Referenz zu erweisen. Dem Blindenhund, dem Schoßhund, dem Wachhund. Ist der Mensch deshalb auf den Hund gekommen, wenn er ihm den Kult zuteil werden läßt, der gemeinhin, und der Tod ist eine ernste Sache, so unmenschlich er für die Trauernden sein mag, als ganz menschlich gilt?

Sterben ist unteilbar. Aber was dann? Ist es denn Monsieur oder Madame Dupont zu verdenken, daß sie ihrem Chouchou oder ihrer Minou nicht versagen wollen, was ihnen selbst als letzter Wille bleibt? Nein, von den Menschen hatten sie ja selbst längst Abstand genommen. Das Tier war ihnen der letzte Lebensgefährte. Mit ihm haben sie ihr reduziertes Leben geteilt. Die paar Schritte vor die Tür, die unendlich langen Abende, das karge Mischmaschessen aus dem Topf und schließlich wohl auch das Bett.

Und dann starb Chouchou oder Minou, und dann hat ihnen jemand vom Friedhof draußen in Asnières erzählt. Da hängt denn auch ein Schild gleich am Eingang, und darauf steht geschrieben: Sie können jeden Tag ihr ver-

storbenes Tier hierherbringen. Wir kümmern uns um den Rest. Es wird hier mit den Seinen ruhen, in diesem romantischen Garten. Dem Hundefriedhof von Asnières, gegründet 1899.

Es sind nicht allein Hunde, die man hier unter die Erde gebracht hat. Auch Katzen und Vögel und – in einer vierten Abteilung – ›sonstige‹. 42 000 Gräber. Auch Exoten sind darunter. Löwen, Affen und eine Gazelle. Weiße Mäuse natürlich, Hase und Fuchs, eine Schildkröte. Das Totenreich der Tiere.

Auch hier wieder die Porzellanbildchen und all die Sentenzen, die wir von ›unseren‹ Friedhöfen her kennen. ›Hier liegt mein Herz‹, ›Wir werden uns wiedersehen‹ und ›Ohne dich hätte ich nicht gewußt, was Liebe ist‹. Selbst die Büsten fehlen nicht. Tiere sind ja so menschlich. Gleich hinter dem Eingangstor der Bernhardiner Barry und sein tragisches Ende. »Er rettete 40 Menschen das Leben und wurde vom einundvierzigsten getötet.« Tatsächlich hat ihn ein Mann umgebracht, der ihn für einen Wolf gehalten hatte.

Nachgang oder Le Dernier Cri

Und was ist mit dem Panthéon? Und Notre-Dame? Und der Basilika von St. Denis? Wo bleibt der Invalidendom? Und natürlich die Katakomben?

Gedanken an Napoleon und den Sonnenkönig, die Pompadour und die Dubarry, Victor Hugo und Voltaire? Descartes und Diderot? Ist es nicht Willkür, Kurtisanen und Kokotten nachzuspüren und die Gruft der Kaiser und Könige zu mißachten? Ist es redlich, die Tür zum Totenreich zu öffnen und dem Schritt freien Lauf zu lassen? Ist nicht vielmehr das, was die Toten den Lebenden hinterlassen haben, von Wert und Wirkung? Und nicht die vielen kleinen Unpäßlichkeiten, die Mietschulden, die Zerwürfnisse, die Liebschaften und Krankheiten, das eine oft die Folge des anderen?

Müßte das alles nicht noch einmal geschrieben werden? Und war das Laufen und Lesen nur so etwas wie ein Probieren vor dem Studieren? Umsonst eigentlich alles, auf der Suche nach den Spuren, die geblieben sind? Umsonst, wie der Tod nur sei, was Lebende manchmal sagen, weil ihnen zum Tod nicht sehr viel mehr einfallen will? Wannsd lebn wüsd, hat der Wiener gesagt, muaßt übers Sterbn redn.

Das letzte Kapitel ist geschrieben. Auf dem Tisch, den Stühlen und dem Boden liegen ein paar Bücher und viele hundert kleine Merkzettel. Mit Daten und Anekdoten und Episoden und Zitaten. Handgeschriebene Wegbegleiter, die unterwegs dazugestoßen sind. An einem Samstag in Thiais, einem Sonntag in St. Ouen und immer wieder auf dem Père-Lachaise, Montmartre und Montparnasse und Passy und den anderen Friedhöfen.

Sie waren weit weg in diesen vergangenen Wochen

und doch ganz nah. Es ist drei Uhr in der Nacht und wenn ich die Augen schließe für einen Moment, dann tanzen all die Steine und Säulen, die Kränze und Kreuze, die Bilder und Büsten aus Bronze und Marmor einen wilden Totentanz.

Quellenverzeichnis

Barozzi, Jacques: Guide des cimetières parisiens, Editions Hervas, Paris 1990.

Beyern, Bertrand: Guide des cimetières en France, Edition le cherche midi, Paris 1994.

Courrière, Yves: Joseph Kessel, Plon, Paris 1985.

Dansel, Michel: Au Père-Lachaise, Fayard, Paris 1981.

Daudet, Alphonse: Contes du lundi, France Loisirs, Paris 1983.
    Guide littéraire de la France, Hachette, Paris 1963.
    Guide de Paris mystérieux, Tschou, Paris 1978.

Hemingway, Ernest: Paris – ein Fest fürs Leben, Rowohlt, Reinbek 1965.

Kesten, Hermann: Meine Freunde die Poeten, Kindler, München 1964.

Le Clère, Marcel: Cimetières et sépultures de Paris, Hachette, Paris 1978.

Nette, Herbert: Adieu les belles choses, Diederichs, Düsseldorf/ Köln 1971.

Pierard, Marie-Laure: Le Cimetière Montparnasse, Dansel, Paris 1983.

Troller, Georg Stefan: Pariser Journal, Fischer, Frankfurt/Hamburg 1969.

von Uthmann, Jörg: Paris für Fortgeschrittene, Hoffmann und Campe, Hamburg 1981.

Voss, Karl: Reiseführer für Literaturfreunde-Paris, Ullstein, Frankfurt/Berlin/Wien 1975.

Wallace, Irving u. a.: Rowohlts indiskrete Liste, Rowohlt, Reinbek 1985.

Zuckmayer, Carl: Als wär's ein Stück von mir, S. Fischer, Frankfurt, ohne Jahresangabe.

… und viele kleine Merkzettel und handgeschriebene Notizen.

Personenregister

230

231

Hervé Guibert
Phantom-Bild
Über Photographie

Aus dem Französischen von Thomas Laux
175 Seiten. RBL 1478. 24,– DM
ISBN 3-379-01478-8

Guiberts Schreibweise fängt den unmittelbaren, flüchtigen und zugleich bewahrenden Charakter der Fotografie
ein. Die besten Texte atmen die Direktheit von genialen
Schnappschüssen, von Momenteingebungen. Sie haben
den Charme jener Dichterbriefe und Tagebuchnotizen,
die er in einem Kapitel selbst »fotografisch« nennt.
Manchmal gibt er kleine Streitgespräche wieder, in denen
Freunde seine Ansichten über bestimmte Aspekte der
Fotografie widerlegen, und läßt den Leser, den er erfreu-
licherweise für intelligent hält, dann damit allein. Dessen
Gedanken haben viel Platz bei Guibert, der als
Fotokritiker von »Le Monde«, Romancier und als
Chronist seines Sterbens an Aids berühmt wurde.

(Frankfurter Allgemeine Zeitung)

RECLAM-BIBLIOTHEK

Charles Baudelaire
Der Künstler und das moderne Leben
Essays, »Salons«, Intime Tagebücher

Herausgegeben von Henry Schumann
451 Seiten. RBL 1501. 24,– DM
ISBN 3-379-01501-6

Mit Charles Baudelaire (1821–1867) beginnt die Kunsttheorie der Moderne. Mit seiner Methode, seiner Sprache und seiner ästhetischen Auffassung wirkt er noch bis in unsere Zeit. Er gab mit seiner Lyrik der modernen Dichtung entscheidende Impulse und war zugleich ein Kunstkritiker mit unfehlbarem Gespür. Der Band umfaßt eine Auswahl, die Baudelaires Vielseitigkeit zu erkennen gibt. Wir finden darin den Hang zur Ironie, zum Paradoxen, zum Provokanten und noch mehr eine subtile und profunde Kennerschaft, die sich mit einem intuitiven Sinn für Novität und Qualität verbindet: so etwa in seinen umfangreichen Besprechungen der »Salons«, der großen Pariser Kunstausstellungen.